K-1 © Kiedrowski, Felszeichnung Newspaper Rock, Utah

Das Wandern liegt uns im Blut. Kaum entwickelte sich unser Vorfahr Homo erectus vor rund 5 Millionen Jahren zum Zweibeiner, brach er von der ostafrikanischen Wiege der Menschheit nach Europa und Asien auf, ging über Indonesien und Neu-Guinea nach Australien und Neuseeland und eroberte über die Beringstraße Alaska und die ganze Neue Welt.[1)]

Natur, Kultur & LebensArt entdecken,
mit der Geo-Nadel um die Welt:

REISEN MACHT REICH

So finden Sie Weltklasse-Qualität[2)] für die großen Reisen Ihres Lebens.

Wim de Ruiter

WILLKOMMEN

in Brügge, Barcelona oder Graz ...

Bei meinen Empfehlungen über Weltklasse-Ziele wird mir immer wieder erklärt, welche Qualität Europa hat. Selbstverständlich! Weltklasse gibt es zwischen Dubrovnik und den Lofoten, Rom und Mittenwald in grosser Auswahl. So gibt es eigentlich kaum Gründe, Ziele außerhalb von Europa zu bereisen. Beispiel: Erlebenswerte Stippvisite im sommerlichen Graz: Start im Art-Deco-Ambiente vom Grand Hotel Wiesler. Nur wenige Schritte zur Brücke, über die wild fließende Mur, Boutique-Altstadt-Galerien-Bummel, weiter zum Mehl-Platz. Nach der dortigen typisch steierischen Gastlichkeit zum alternativen Trend-Treff Maroni. "mangiare · bere · donna · uomo" Mediterraner Lifestyle und fernöstliche Weisheit grazerisch vereint. Kreativ & anders.

Aber: In diesem Welt-Geschenk-Buch (siehe Seite 207) geht es um Distanz zur gewohnten Welt. Als spannendes Extra für Leserinnen und Leser der Sonderausgabe steht Ihnen die weltweit erste Anleitung für den Einsatz von Geopunktur zur Verfügung. Viel Spaß damit.

Sonderausgabe, September 2005, deutschsprachige Ausgabe, 1. Auflage

Printed in Germany ISBN 3-00-016503-7

Vorwort

'Reisen macht Reich',

zu schön um wahr zu sein? Es wird wahr, wenn Sie eine einfache Faustregel beherzigen:

Mit meinen Reisekosten über fünf Jahre muss ich mindestens EIN Reiseerlebnis von höchster Weltklasse realisieren! Ein Erlebnis, das mich richtig glücklich macht und das ich immer in Erinnerung habe.

Konkret: Zwar sollten Sie Ihre Reisekosten über fünf Jahre abschätzen können. Aber viel wichtiger ist es zu wissen, wo es welche Reiseerlebnisse von höchster Weltklasse gibt.

Dieses kleine Büchlein zeigt Ihnen, wie und wo Sie diese Plätze finden können. Es beginnt damit, dass Sie eine Welt jenseits von Europa und Nordamerika kennen lernen. Alle Menschen träumen von der Südsee, aber die Wenigsten fahren hin. Und wenn sie dann für viel Geld (und Zeit) ein Ziel ausgesucht haben, stellen sie oft fest, dass der Traum schöner war als die Wirklichkeit ist. Das muss nun wirklich nicht sein! Lernen Sie die Perlen unseres Planeten kennen, Sie können dann immer noch entscheiden, ob Sie dahin reisen werden oder nicht. Ihr Leitstern: Das neue Juwelen-Farbleitsystem.

Im Laufe Ihres Lebens bezahlen Sie für Ihre Reisen so viel wie für eine Luxusvilla[3)]. Dennoch verpassen Sie wahrscheinlich die wichtigsten Basis-Erlebnisse. Planlos herumreisen heißt am Ende: Reisen macht arm. Sie haben viele Reisen konsumiert, Geld & Zeit geopfert. Konkret ist nichts geblieben.

Stellen Sie die Weichen rechtzeitig. Planen Sie Ihr kommendes Reisejahrzehnt. Lernen Sie die schönsten Ziele kennen und setzen Sie Prioritäten. Neue Horizonte werden Ihren Alltag bereichern.

Es ist Zeit für die großen Reisen Ihres Lebens.

Inhalt

TIPPS UND INFORMATIONEN

K-1 © Kiedrowski

K-1 © Kiedrowski

REISE DURCH RAUM UND ZEIT

Kapitel 1:

LebensArt-Reisen

Die Abgrenzung zwischen 'Reise-Quickies & Schnäppchen' und 'Reisen macht Reich' beruht auf einer edlen Mischung. Man plant eine Lebensreise und verfügt über Lebenskunst (LebensArt). Dazu eine Prise Langfristplanung, und die Suche nach einem Traumerlebnis mit Dauerwirkung kann beginnen.

> **Faustregel:** 'Mit meinen Reisekosten der kommenden fünf Jahre muss ich mindestens EIN Reise-Erlebnis von höchster Weltklasse realisieren. Ein Erlebnis, das mich richtig glücklich macht und das ich immer in Erinnerung habe.'

Die 'LebensArt-Reise' ist eine neue Kurzformel, die Folgendes beinhaltet: Erstens geht es um 'Lebensreisen', oder auch 'die großen Reisen in Ihrem Leben'. Viele Normalreisen werden damit ausgeklammert: Die Dienstreise, die Reise zur Tante in Tirol, das Reise-Quicky eines verlängerten Wochenendes auf Ibiza, die Osterurlaub-Familienreise nach Oostende und das Schnäppchen einer 10-Tage-Pause in Las Palmas. Zweitens steht der Begriff für LebensArt, als Stufe zwischen Lifestyle und Kultur. Die LebensArt-Reise wird schließlich durch einen dritten Anspruch gekrönt: 'Weltklasse', womit nicht die finanzielle 5-Sterne-Kategorie gemeint ist, sondern das persönliche Traum-Erlebnis mit Dauerwirkung.

Was ist das? Fragen Sie mal eine Flugbegleiterin, die -zig Mal in Miami und Johannesburg war, aber doch von einer bestimmten Reise regelrecht schwärmt. Ob es nun Myanmar, die Cook-Inseln oder Bird-Island auf den Seychellen war, Sie werden rasch merken, dass es Reisen gibt, die starke Gefühle freisetzen.

Es gibt aber keine Garantie, dass lebenslanges Reisen zu einem solchen Sondererlebnis führt. Manche Leute haben es nie erlebt und werden es vielleicht auch nie erleben. Und dann ist es schade drum. Das muss nicht sein und ein bisschen Nachhilfe kann nicht schaden. Kühle Planung gehört dazu und Sondererlebnisse lassen sich herbeiführen.

H-1 Herget, B-3

IHRE FÜNF REISE-JAHRZEHNTE

Ein erfolgreicher Steuerberater hat viel gearbeitet und ist wenig gereist. Mit 65 Jahren hat er seinen Betrieb verkauft und begann sein Leben in Rente. Sein erster Wunsch wurde ohne lange zu fackeln erledigt. Eine Weltreise von fünf Wochen sollte es sein. Gesagt, bezahlt, getan, abgehakt. Es hat Freude gemacht. Bilder und Souvenirs zuhauf. Wochenlang Gesprächsthema im Club. Aber bald danach war alles wieder wie früher.

Wenn Sie Ihr Leben wirklich leben wollen, ist diese einmal-im-Leben-Story kein gutes Orientierungsbeispiel. Alleine schon der Zeitaspekt spricht Bände. Als Rentner können Sie nur eingeschränkt Erlebnisse sammeln. Im Grunde hat der stark business-orientierte Mann jahrzehntelang seine Persönlichkeitsentwicklung dem Tagesgeschäft untergeordnet.

Erlebnisse sammeln braucht Zeit, Geld, Gelegenheit und das passende Alter. Nie kann unser Steuerberater die Herzlichkeit und Würde von Bergbewohnern im Hochland von Tibet kennen lernen. Als Dauer-Schreibtischarbeiter ist die Höhenlage von über 5.000 Metern medizinisch problematisch. Karneval in Rio hätte er auf seiner Tour zwar bezahlen können, aber zum ausgelassenen nächtlichen Tanz mit einer jungen Sambaliebhaberin taugen die ungeübten Hüften nicht mehr. Tauchen in der Karibik? Vorbei. Bleibt die bequeme Reise in einer Lifestyle-Blase von westlichen Luxushotels samt Reiseleiter und Rundum-sorglos-versichert-sein.

Natürlich gibt es Ausnahmen. So nahm eine 72-jährige Dame an einer Naturschutzreise ins Pantanal (Brasilien) teil und war dabei so engagiert wie das gesamte Team. Sie hat mit angepackt, Piranhas geangelt und klaglos die Widrigkeiten von Moskitoschwärmen ertragen.

Die ultimative Traumreise beginnt mit der biologischen Realität. Wie viele Jahrzehnte stehen Ihnen noch zur Verfügung? Haben Sie schon mal realisiert, dass es sich um maximal fünf Jahrzehnte handelt? Sind Sie etwa 20 Jahre alt, gibt es sie noch alle. Oft ist dann das Geld etwas knapp. Als 30- bis 40-jährige(r) gibt es meistens mehr Geld, aber dann ist die Zeit sehr knapp. In jedem Jahrzehnt sind Sie in Bezug auf Wünsche, Hoffnungen und Träume ein anderer Mensch. Mit 50 Jahren stehen lediglich zwei Jahrzehnte zur Verfügung. Leni Riefenstahl war ein Musterbeispiel für Fitness im hohen Alter, bleibt aber eine Seltenheit. Die durchschnittliche Lebenserwartung in Europa beträgt für Männer zurzeit 75, für Frauen 81 Jahre. Alters- und Pflegeheime belegen, dass

zefa - Impression von Mark Tomalty "Dunns River Falls"

PHANTASTISCHER PLANET

der Ausstieg aus einem Reiseleben weit früher stattfindet. Fünf Jahrzehnte für große Reisen sind also eigentlich noch zu hoch angesetzt. Andere Beispiele: Häuslebauer mit Hypotheksorgen bzw. kinderreiche Familien verfügen eher über maximal 3-4 Fernreisejahrzehnte. Für eine vernünftige Lebensreiseplanung ist es eigentlich mit 50 schon etwas zu spät. Beginnen Sie frühzeitig! Denken Sie nicht fatalistisch, sondern optimistisch. Im richtigen Moment werden Sie Geld & Gelegenheit für ein Weltklasse-Erlebnis haben. Wer seinen Reisewunsch selbst nicht deutlich kennt, kommt auch nie zum Ziel. Die Bausteine zum Glück: Ein klares Ziel, eine hohe Priorität und der feste Wille.

Mit Reise-Quickies & Schnäppchen werden Sie durch Reisen nicht reich. Eher arm, wenn Sie es exzessiv betreiben. Reisen macht Reich ist ein anspruchsvoller Ansatz, der insbesondere auf Lebenskünstler(innen) zugeschnitten ist. Die Realisierung ist problemlos möglich, denn unser phantastischer Planet ist noch immer von einmaliger Qualität.

Sie brauchen nur aus dem Riesenangebot der Reise-Industrie die schönsten Perlen herauszupicken. Werden auch Sie reich durch LebensArt-Reisen.

Armut & widrige Umstände

Das sonnige Thema dieses Büchleins kommt an einer Kehrseite nicht vorbei. Reisen und Erlebnisse, die hier beschrieben werden, sind für viele Menschen unerreichbar. Armut, Arbeitslosigkeit, Behinderung oder andere Schicksalsschläge können hierfür die Ursache sein. Ich bedauere und respektiere diesen Zustand. Auch für die Einstellung von Menschen, die nicht weiter reisen möchten als durch die Heimat oder innerhalb Europas, habe ich volles Verständnis.

Der Verfasser.

T-1 Tahiti

Kapitel 2:

Perlen unseres Planeten

Die Suche nach Weltklasse-Regionen der Erde scheint zwar mit Definitionsproblemen verbunden zu sein, dahinter stecken jedoch objektive Kriterien. Statt 'schön – schöner – am schönsten' gelten die nüchternen Regeln von Physik, Klima, Geologie und Biologie.

Quiz-Gewinner

"Sie brauchen nur aus dem Angebot der Reise-Industrie die schönsten Perlen herauszupicken." So hieß es am Ende des vorigen Kapitels. Es ist eine Methode von vielen. Wenn ein Quizmaster seine Gewinner von 50.000 Euro aufwärts fragt, was sie mit dem Geld machen wollen, kommen schnell Antworten wie: "Weltreise machen, nach Australien, nach New York, in die Karibik." Hauptsache weit weg, warm, anders als daheim. Mit dem Geldsegen auf dem Konto geht es dann in Reisebüros und Buchhandlungen und die Informationen stapeln sich.

Bald werden die Gewinner feststellen: Einige Länder- und Städtenamen häufen sich. Nämlich die, wofür viel Werbung und PR gemacht werden, und die, bei denen Reisebüros eine gewisse Sicherheit haben, ein gutes Preis-Leistungsverhältnis anbieten zu können. Und wo kämen die Gewinner dann hin? Ganz einfach: dorthin, wo es eine große Flugfrequenz oder bequeme Charterverbindung gibt; wo es ein großes Touristen-Aufkommen samt ausgefeilter Infra-Struktur gibt; wo die beratende Mitarbeiterin im Reisebüro sattelfest ist, weil sie sich an bestimmten Orten durch Informationsreisen persönlich auskennt. Fazit: Wer den üblichen Weg wählt, um ein besonderes Reiseerlebnis zu finden, wird ein besonders übliches Ziel erreichen.

Sicher, jeder Quizgewinner oder Jung-Erbe wird die Reise-Industrie dringend benötigen, um seine Spezialtour realisieren zu können. Um 'Perlen' zu finden, sind andere Ansätze angesagt.

EIN KUNSTWERK IN BLAU UND GRÜN

T-1 Tahiti / Pearl Beach Resort Bora Bora

Die All-Sicht

Handelt es sich bei der Bezeichnung 'Perlen unseres Planeten' um Werbe-Deutsch? Eine blumige Umschreibung bzw. Rhetorik? Ganz einfach: Nein. Die Bezeichnung ist sachlich zutreffend. Die Raumfahrt liefert eine erste Spur:

Raumfahrer und Astronomen verstehen inzwischen sehr viel vom All, mehr als alle Generationen vor uns. Vom All aus gesehen, ist unser Planet vor allem eines: Ein einmalig schöner und ein blauer Planet. Unsere Erde hat an der Oberfläche weit mehr Wasser (71 %) als Land (29 %). Und da wir auf einem wasserlastigen Planeten leben, ist es ratsam, den Blick aufs Wasser zu richten: Wo ist das Meer am schönsten?

Von der Transparenz her ist es z. B. vor der indischen Andamanen-Küste (bekannt seit der Tsunami-Katastrophe) besonders rein und kristallklar. So entsteht das Phänomen der 'schwebenden Boote'. Es ist faszinierend zu sehen, dass ein Bötchen, in dem man rudert, sich auf dem Meeresboden mit einem gestochen scharfen Schatten abzeichnet. Und dann erst die Farben! Ein Kunstwerk in Blau, Grün und Türkis.

UNESCO Weltkulturerbe

Ein guter Leitfaden für die Suche nach Besonderem bietet die UNESCO, mit dem 'Welterbeprogramm für Kultur- und Naturgüter der Menschheit, die einen außergewöhnlich universellen Wert besitzen'. Europa ist hier stark vertreten.

Ein Studium der Liste wird empfohlen. Insbesondere das Verzeichnis der Nationalparks. Zum Beispiel: das Aldabra-Atoll (Seychellen), Canaima (Venezuela), Manú (Peru), Fernando de Noronha (Brasilien), der Alexander-von-Humboldt-Nationalpark (Kuba), Kinabalu (Malaysia), Chitwan (Nepal).

Weiter ist das 'Memory of the World Register' (mit historischen Dokumenten wie Cook's Entdeckungstagebuch und den Beschreibungen der Holländisch-Ostindischen Compagnie) www.unesco.de[4)] für geschichtlich interessierte Fernreisende eine Fundgrube. Wer allerdings versucht, im Reisebüro z. B. Verbindungen zum genannten Aldebra-Atoll zu buchen, braucht wahrscheinlich etwas Überzeugungskraft.

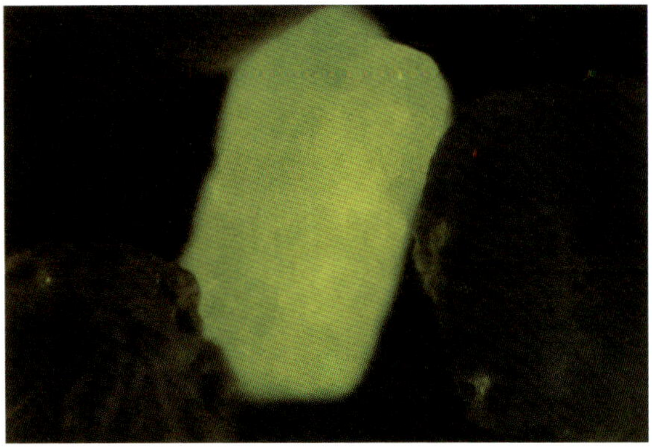

Beauvallon Beach, Mahé, Seychellen: 3 Sandkörner, zwei ohne Fluoreszenz, eins leuchtet kräftig auf.

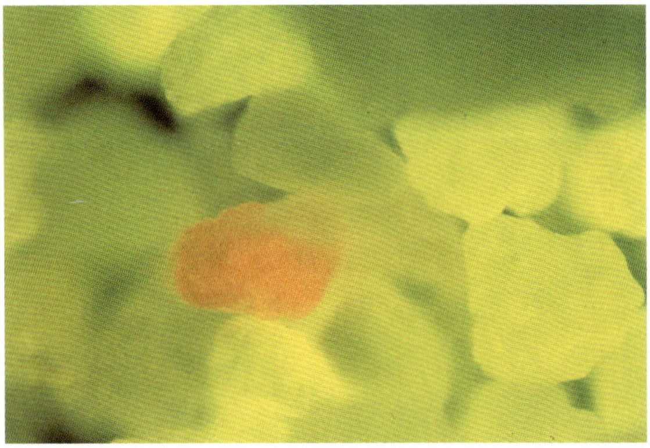

Eine Flugstunde weiter: Bird Island. Der Sand ist feiner und eckig. Fluoreszenz sehr gut.

M-3

Die Krönung: Cancun Sand (Yucatan, Mexico): Kräftige Fluoreszenz, Körnung exzellent rund.

Die Sand-Sicht

Mit der Andamanen-Beobachtung ist die 'Perlen-Begründung' noch lange nicht beendet. Wie das ultimative Weltklasse-Gefühl gestrickt ist, muss noch konkret definiert werden. Aber vorher noch ein Blick auf die touristische Werbesprache: "weißer Sandstrand rund um die Insel und eine weiträumige türkisfarbene Lagune", "Badelagune mit weißem feinem Sandstrand", "gleaming, white sand beaches", "mit Stränden, wo das Meer die Farbe von Amethyst oder Türkis hat", "roséfarbene Sandstrände und türkisblaues Wasser", "Vulkankrater und feinsandige Strände" und so weiter. Schönheit satt, hier darf der Werbetexter schwelgen.

Solche Formulierungen führten zu einer Inflation an Hochwert-Wörtern. Alles ist prächtig weiß, blau, türkis, grün, einmalig und Weltklasse. Wie kann man sich dabei noch orientieren? Einige Eckdaten:

- Die Farbe des Sandes kann zwischen ultra-weiß, braun und schwarz liegen.
- Körnung und Ursprung der Sandarten werden von 'sehr-fein, alt-rund korallisch' bis 'grob, kantig, mineralisch' bezeichnet.
- Sogar die wirklich türkisfarbenen Gewässer variieren in der Leuchtkraft von null bis hundert.
- Ergänzende Kriterien für eine hohe Leuchtkraft: Neigungswinkel des Sandprofils unter Wasser, Stand und Intensität der Sonne und vor allem: Die Fluoreszenz-Qualität des Sandes! (Erstmals vom Verfasser 1983 beschrieben. Siehe nächster Abschnitt 'BeachGuide')

Sie werden vielleicht fragen: "Warum soll mich das interessieren?". Nun, in der Mittagszeit verbrennen Sie sich auf einem mineralischen Sand die Füße. Und es gibt keinen eleganteren Sonnenschutz für eine nasse, nackte Haut als feinstkörniger, alt-rund korallischer Sand. Einfach damit pudern, die Lichtreflexion des besonderen Sandes lässt das Sonnenlicht zurückblitzten. Vor allem aber: Wenn die Leuchtkraft eines türkisfarbenen Wassers den Grad 100 erreicht, erhalten Sie ein Lichterlebnis von Weltklasse und Sie haben eine Perle unseres Planeten dingfest gemacht.

So ähnlich ist es auch mit anderen, sich simpel anhörenden Gegebenheiten: Überwältigende Flora und Fauna, faszinierende Berge, naturbelassene Landschaft. Und wenn es noch so schön beschrieben wird, handeln Sie sich vielleicht ein Mittelklasse-Schön ein. Und das wäre schade.

LIEBLINGSFARBEN VON GAUGUIN

F-3 Figueredo

BeachGuide

Mein rustikaler BeachGuide (Wim de Ruiter, 1983, Auflage vergriffen) ist eine Studie der Kategorie 'des nutzlosen Wissens'[6]. Ermittelt wurde z. B., dass die Fluoreszenz[5] von Cancun-Sand 1.500 mal höher ist als Sand von Penang. Dennoch hat die Studie dabei geholfen, dass meine Projekte mit höchster Strand- / Wasserqualität durchgeführt werden konnten.

Gute Fluoreszenz haben z. B. außer Cancún / Yucatán: Bird-Island / Seychellen, La Pirogue und Flic & Flac / Mauritius, Marianen. Keine Fluoreszenz oder schlechte Werte: Goa, Taiwan, Penang / Malaysia.

Von dem Labor in die Druckvorbereitung! Die Sandproben wurden aufgeleimt um in einer Litho-Anstalt gescannt zu werden. Der Sand rächte sich jedoch und verteilte sich tückisch in der gesamten Anlage. Die Reinigung war arbeitsintensiv und wurde heftig beklagt.

Das Thema 'Traumstrände' hat mich auch für ungeheuerliche Umweltsünden im pazifischen Ozean durch die USA, Frankreich und Japan nachhaltig sensibilisiert. Überirdische Atomversuche auf dem Bikini-Atoll, unterirdische Bombentests bei Mururoa in Polynesien. Manche Inseln sind auf lange Zeit hochgradig radioaktiv verseucht. Dazu ein Zitat aus Geo: "Unser Planet als Oase des Lebens in einer tödlichen kosmischen Umwelt. So sahen die Apollo-Astronauten ..., wie eine blaue, von weißen Wolken gebänderte Erde über dem trostlosen Mondhorizont aufging."

Der Farbraum

Nach dem Blick aus dem All und unter dem Sand-Mikroskop die Sicht eines Künstlers. Die Südseebilder von Gauguin haben eine besondere Anziehungskraft. Wie hat er selbst die Faszination empfunden? Bevor er nach Tahiti kam, hatte er schon die Karibik besucht. Sein Bild der tropischen Pflanzenwelt auf Martinique ist deutlich anders, kühler als seine Südsee-Bilder. Seine Erklärung für seine in Tahiti gemalten Bilder: "Weil ich den Eindruck einer wilden und üppigen Natur wiedergeben wollte, einer tropischen Sonne, die alles um sich herum überflutet ... deshalb diese zauberhaften Farben, diese flammende und zugleich weiche und stille Atmosphäre."[8]

P-1 Pearl Beach Resorts

Der Farbraum ist nicht nur für Maler und Künstler wichtig. Menschen, die im kühlen Teil des deutschsprachigen Europas leben (etwa ab dem 50. Breitengrad wie Berlin und Hamburg), haben einen völlig anderen Farbraum als den bei Gauguin beschriebenen verinnerlicht. Und das prägt!

Ein Mensch am Niederrhein z. B. lebt, abgesehen vom Klima, mindestens die Hälfte des Jahres überwiegend in Grautönen mit bestenfalls blassem Blau am Horizont. Es ist zwar nicht so düster wie im winterlichen Skandinavien, aber es ist ein prägendes Dauererlebnis. Deshalb ist es wichtig, dem heimischen Farbraum mindestens einmal gründlich den Rücken zu kehren. Herrliche Farbräume gibt es z. B. auf der ehemalig deutschen Südsee-Kolonialinsel West-Samoa, oder auch auf Abaco Island / Bahamas und der Insel Praslin / Seychellen.

Denn obwohl die Technik inzwischen weit fortgeschritten ist, kann kein Buch und keine Fernsehreportage die Wirkung der Farben richtig darstellen. Die Realität ist großartiger. Schwimmen Sie mal vor einem Mini-Inselchen im Indischen Ozean! In allen Himmelsrichtungen ein endloses schillerndes Blaugrün. Das ist gut fürs angegraute niederrheinische Gemüt, und die Erinnerung ist dauerhaft.

Die Tropen

Viele Lebensgenießer sind am Mittelmeer rundweg glücklich und zufrieden. Sie empfinden die Tropen eher als zu heiß, zu stickig und zu weit weg. Aber wenn Sie 'Perlen' suchen, kommen Sie an den Tropen, sachlich gesehen, nicht vorbei. Warum wohl?

Ein kurzer Blick auf den Globus: Der Tropengürtel befindet sich zwischen beiden Wendekreisen parallel zum Äquator. Etwa von der Linie Kuba – Sahara – Hawaii nördlich vom Äquator, bis Rio – Madagaskar – Fidschibecken südlich vom Äquator.

Am Wachstum der Bäume lässt sich am einfachsten ablesen, warum der Tropengürtel "mehr" zu bieten hat als gemäßigte und kalte Zonen. Durch die Kraft der Sonne wachsen Bäume in der Äquatorzone ein bisschen höher in den Himmel als anderswo. Die Cookfarne z. B. erreichen Höhen von 65 m. Ein vernichteter Primärwald kann, bei günstigen Voraussetzungen, in 20 Jahren als Sekundärwald wieder auferstehen. Das Leben in tropischen Baumkronen, der sogenannten 'Canopy', ist voller Blumen, Früchte, Wildlife[9)]. So vielseitig, dass Regenwald-Baumkronen in den letzten Jahren zu einer regelrechten Touristen-Attraktion geworden sind.

K-1 © Kiedrowski

Regenwald-Seilbahn Costa Rica

Vor etwa 10 Jahren konnte ich mit Freunden des Vereins für Naturschutz und Entwicklung Cocos-International den Baumkronenforscher Don Perry (damals Costa Rica) zur Tourismusmesse in Berlin einladen. Condor hat den Flug übernommen und Cocos den Workshop usw. bezahlt. Der Biologe Claus M. Schmidt von "BBC-Wildlife" und "Ein Herz für Tiere" hat für umfangreiche Öffentlichkeitsarbeit gesorgt. Die Seilbahn-Pläne von Perry wurden damals noch etwas belächelt. Kurz darauf war, durch Einsatz von deutschen Investoren, die Finanzierung des Projekts gesichert. Heute sind im Eco-Tourism Regenwald-Baumkronen-Seilbahnen und "Canopy walkways" anerkannte Instrumente zur Förderung des sanften Tourismus. Von der Schnapsidee bis zur Marktreife sind bei diesem Beispiel ca. 5 Jahre anzusetzen.

Wer mal beobachtet hat, wie im rauen Klima der Nordatlantik-Insel Island Wiederaufforstung betrieben wird, begreift den Segen der Tropen erst recht. Island, in Wikingerzeiten reich bewaldet, bietet heute eine raue, kahle Landschaft. Durch den Reichtum an natürlicher Energie können es sich die Isländer erlauben, riesige Mengen Setzlinge in Glashäusern hochzuziehen.

Schulklassen bekommen im Unterricht vermittelt, wie etwa 6 cm große Minibäumchen zu pflanzen sind. Gegen die Windrichtung werden liebevoll kleine Mulden zum Einpflanzen gesucht und mit herumliegenden Kieselsteinen gegen Sturm und Wetter geschützt. Mühseligst werden so Großtaten der Bewaldung vollbracht. Voller Stolz zeigen Einheimische kleine vereinzelte Wäldchen, in denen die Bäume bei höchstens ca. 3 Metern ausgewachsen sind.

In den Nationalparks Sarek und Padjelanta am schwedischen Polarkreis gibt es ebenfalls als große Besonderheit solche kleinen knurrigen Bäumchen, die dem Klima trotzen. Schwedische Naturschützer sind unzufrieden mit der Bevorzugung der Saami-Minderheit (Lappen), die in der Region ihre Rentiere weiden lassen darf. Denn der Schaden, den Rentiere mit ihren Geweihen an Moosen und Flechten auf dem Felsboden anrichten, ist sehr hoch. So etwas kann nur in Gebieten mit extrem wachstumsfeindlichem Klima eine Rolle spielen.

Zurück zum Eldorado des vollen Lebens, zu den Tropen, mit einer phantastischen Flora & Fauna, Quelle des üppigen Wachstums und der Artenvielfalt. Auf bestimmten Flächen in Rondônia (Nordwest-Brasilien) gedeihen doppelt so

A-1/2 animal.press

DAS BLAUE WUNDER

viele Schmetterlingsarten wie in ganz Europa oder Nordamerika. In Amazonien sind seltene Arten wie tiefblaue Morhos, faustgroße Prachtexemplare, keine Seltenheit[10]. Im Pantanal ist die größte Papageienart der Welt, der Arara Azul, an bestimmten Stellen häufig anzutreffen. Schillernd blau, vom Kopf bis zum Schwanzende einen ganzen Meter groß! Wahrhaft etwas anderes als europäische Spatzen vom Dach.

Naturschutz-Reisen

Für Spezialisten: Naturschutzreisen von Cocos-International in Zusammenarbeit mit der Zeitschrift "Papageien" und "BBC-Wildlife Germany" zur Unterstützung der Arbeit der Forscherin Neiva Guedes. Sie hat die Auswirkung der intensiven Rinderzucht auf den Arara Azul untersucht. Um 'Platz für Rinderherden zu schaffen' wurden große Areale abgeholzt und damit verschwanden alte Bäume, die als Nistplätze genutzt wurden. Fatalerweise wurden auch Acuri-Palmen geopfert. Gerade die Nuss dieser Bäume diente den Aras als spezielle Vitamin- und Nahrungsquelle. Gemeinsam mit motivierten deutschen Papageienkennern und -liebhabern wurden riesige Nistkästen gebaut und unter schwierigen Bedingungen installiert. Für das Projekt wurde gemeinsam Geld gesammelt.

Die Teilnehmer hatten ein Erfolgserlebnis und als Nebeneffekt konnten sie große Anacondas bewundern, ebenso wie Schwärme von farbenprächtigen Tukanen. Die Unterkunft war rustikal sternlos, aber knusprig gebratene selbstgefangene Pacou (Groß-Piranhas) machten die Hütte unvergesslich.

Tropische Pracht finden wir ebenfalls in der Unterwasserwelt. Zwar gibt es bestimmte Korallenarten auch in den rauen und trüben nördlichen Gewässern. Doch der Durchschnitts-Schnorchler oder -Taucher bevorzugt die Artenvielfalt und eine klare, bunte Sicht in Mikronesien, Polynesien, dem Indischen Ozean und in der Karibik.

Naturschönheit und -Phänomene sind objektiv durch Klima, Physik, Geologie und Biologie zu erklären. Verständlich, dass Weltklasse-Natur auch Superlative im Werbedeutsch fördert.

N-1 Neckar Island

GOLD HAT TRADITION

Kapitel 3:

Das Juwelen-Farbleitsystem

Sollte man für Destinationen ein Sternesystem wie für Hotels einführen? Der Versuch wäre zum Scheitern verurteilt, denn die Vielfalt ist zu groß. Eine neue Methode zeigt Qualität und Eigenart eines Reiseerlebnisses. Mit sechs Basisfarben, gegliedert nach Natur, Kultur und Lebensart.

Durchschnittlichkeit hat keinen besonders guten Ruf, aber dafür einen großen Vorteil: Sie ist bequem. Der Weg aus dem Durchschnitt nach oben, in höhere Qualitäten, hat seinen Preis. Einmal dort angelangt, wird die Position dauerhaft inszeniert und symbolhaft umrankt. Hotels lassen sich ihre Qualität nach festen Normen bewerten und erhalten Sterne von eins bis fünf. Wie das Negresco, die Ritz-Carltons und Aman-Resorts. Und wenn ein Hotel meint, es sei noch feiner als das Feinste, wird mit Hilfe von Public Relations der Stern Nummer sechs herbeigedichtet.

Durchschnitts-Spirituosen fließen in Massen, sind sternlos und können trotzdem ausgezeichnet schmecken. Die ganz besonderen Produkte nutzen Mythen, Rang, Namen, Alter & Herkunft, um sich gebührend zu unterscheiden. Chateau Latour Jahrgang 1984, Rothschild, Grand Cru und die gesamte Champagner-Zunft. Bei führenden Fluggesellschaften lässt sich an der Getränkekarte präzise ablesen, ob man in Business oder First Class befördert wird. Airline- und Kreditkarten schmücken ihre wichtigsten Kunden mit Edelmetall. Die Menschen mit höheren Einkommen tragen Karten in Silber, Gold und Platin.

Nur das Olympische Komitee bleibt beim traditionellen Gold, Silber und Bronze. Es gibt ein Universum der Eitelkeiten, Einmaligkeiten & Besonderheiten. Auch Farben werden gern zur Unterscheidung eingesetzt, einfach alles, was die menschliche Phantasie hergibt. Was alle machen, kann nicht komplett verkehrt sein. So hat auch 'Reisen macht Reich' ein eigenes, alternatives Farbleitsystem entwickelt, um Besonderheiten und Vielseitigkeit von Destinationen darzustellen.

F-2 Ferrari

EDELSTEINVERKÄUFERIN

Natürliche Farben

Eigentlich sind alle Farben schon 'besetzt'. Esso sieht rot, BP gelb-grün aus. CSU himmelblau, Gauloises businessblau, Pepsi partyblau, Marlboro rot wie SPD, PDS, Vodafone, LTU, Ferrari und Coca Cola. Telekom ist magenta (pink, rosa) und Milka lila. Dagegen hat es die Modebranche eleganter angestellt. Jährlich kommen neue Trendfarben, und die alten Farben sehen auch alt aus. Raffinierte Namen gehören dazu und vermitteln Lifestyle-Träume wie Sahara-Ethno und Marineblau (passend zur Yacht). Wesentlich bodenständiger ist das bekannteste Farbleitsystem der Welt: Die Verkehrsschilder. Außerdem haben Verkehrslenker die Ampel mit leuchtenden Farben erfunden. Wie kann es nun weitergehen, wenn alle Farben und Systeme schon 'vergeben' sind? Ganz einfach, eine Nische wird gesucht.

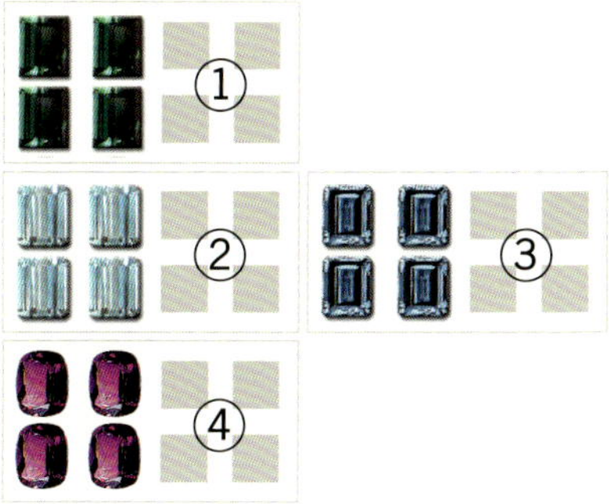

Die Farben 1 – 4 stehen für 'Natur':

1. grüner Turmalin = Flora und Fauna
2. blauer Topas = Wasser
3. Aquamarin = Eis
4. Amethyst = Geomorphologie

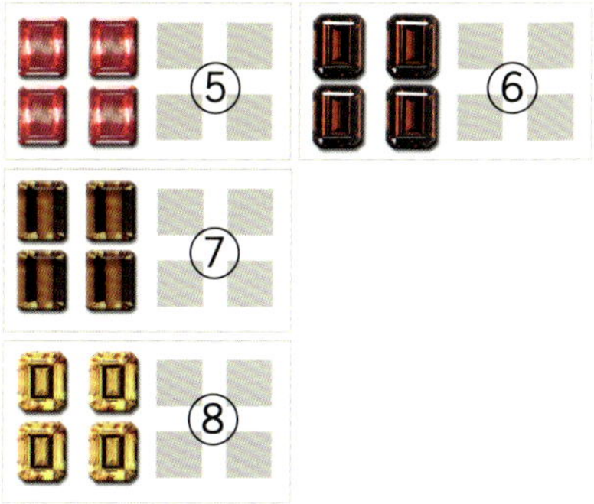

Die Farben 5 – 8 stehen für 'Mensch':

5. Rubellit = Kultur
6. Granat = alte und vergessene Kulturen
7. Rauchquarz = indigene Bevölkerung, Ethnologie
8. Zitrin = = nicht-elektronische Musik

Die Farbe 9 (Diamant) steht für 'Besonderes', z. B. Wellness

PAPUA-NEUGUINEA: VÖLKERKUNDE

N-3 Trans Niugini

Die genannten Informations- und Marketingfarben sind alle genormt. 'Reisen macht Reich' freut sich, Ihnen etwas anderes bieten zu können. Nichts geringeres als reine Natur! Als Leitsterne wurden Farben von natürlichen Kristallen ausgewählt. Die Farben von Edelsteinen[11]. Diese sind 'echt' und anders als Kunstfarben. Sie unterschieden sich:

- dadurch, dass es überwiegend 'durchsichtige Farben' sind. So wie gutes Karibikwasser durchsichtig ist.
- durch weiche Farben. Harte Farben à la Coca Cola werden möglichst vermieden.
- durch erweiterte Farb-Dimensionen. Anders als Kunstfarben, haben Edelsteinfarben eine eigene Identität. Es ist möglich, den Unterschied zwischen Smaragd und Turmalin sofort zu erkennen, obwohl es hunderte Abstufungen von Grün beim Turmalin gibt.

Das System

Natur: Flora und Fauna werden mit grünen Steinen bewertet. Die Wasserqualität mit blauen Steinen, insbesondere dem blauen Topas. Pro Farbe stehen vier Steine (statt Sterne) zur Verfügung. Überschreitet eine Destination die Weltklasse-Stufe folgen die nächsten vier Steine. Violett ist für die Formen der Natur, der Berge und des Landschaftsbilds vorgesehen. Kultur & LebensArt: Alle Hellrot-Töne stehen für Architektur, Lebensart und Kunst zur Verfügung. Völkerkunde (siehe S. 32) und Musik erhalten spezielle Wertungen in den Farben Braun bzw. Gelb.

Damit können Sie, ohne Worte, sofort feststellen, was eine Stadt oder ein Land an Weltqualität zu bieten hat: Ur-Natur? Architektur, die Maßstäbe gesetzt hat? Vielleicht sogar noch eine authentische indigene Lebensweise oder eine beeindruckende Musikkultur? Im Handumdrehen ist das System für Sie so verblüffend einfach, dass Orientierung problemlos ist. Vor allem werden Sie in der Lage sein, weltweite Vergleiche herzustellen und ggf. für Ihre Hobbys zu nutzen. Leute, die dieses Büchlein nicht kennen, müssen dafür unter Umständen jahrzehntelang reisen, suchen, fragen. Eigentlich kein Problem, aber jeder Reise-Missgriff ist enttäuschend, teuer und kostet wertvolle Zeit.

Es wäre selbstverständlich auch möglich gewesen, Destinationen mit einer umfassenden Kriterienliste transparent zu machen. Der Präzisionsgrad gegenüber dem Farbenleitsystem wäre zwar größer gewesen, aber die Methode ist

INTERESSANTES REISEZIEL GESUCHT

C-1 Chile

Ihre Expeditionsausrüstung für die erste Reise liegt bereit, Seite 194.

langweilig und hässlich. Es erinnert an Automobil- oder Computer-Spezifikationen, an TÜV-Plaketten, ISO-Zertifikate und die Deutsche Industrie-Norm (DIN). Für die Suche nach Weltklasse wäre das eine zu durchschnittliche Lösung gewesen.

Deshalb ist das System von 'Reisen macht Reich' zum Glück nicht überdurchschnittlich präzise, wie ISO und DIN. Dafür aber durchsichtig und klar wie Aquamarin, Topas und Turmalin.

Ihre Meinung ist gefragt:

Das Farbleitsystem ist neu und wird in diesem Buch erstmalig vorgestellt. In der jetzigen Phase beruhen die Wertungen auf meiner persönlichen, fachlichen Einschätzung, sie sind also subjektiv. Schrittweise wird das System optimiert und ausgeweitet. Wenn mehrere Meinungen zu einer Destination zusammenkommen, werden die Einschätzungen ausdiskutiert. Dieser Prozess wird schrittweise durchgeführt und braucht etwas Zeit. Im Übrigen geht es mehr um die Methodik als um Präzision. Piktogramme, um die Identität einer Destination anzuzeigen, haben einen Dreifachnutzen. Erstens ermöglichen sie eine Schnellerkennung, zweitens bringen sie Reisende dazu, die gewünschten Eigenschaften eines Reiseziels klar zu definieren. Drittens spornt es Destinationen an, ihre eigene Positionierung zu erkennen und zu schärfen. Sie sind herzlich eingeladen mitzumachen. Kennen Sie ein interessantes Reiseziel besonders gut? Möchten Sie, dass andere Reisende von Ihrem Wissen profitieren? Dann schauen Sie auf unserer Webseite bei Kapitel 3 nach. Dort finden Sie eine Anleitung zum Mitmachen.

Nun zur Praxis. Zur ersten Reise ...

Tibet

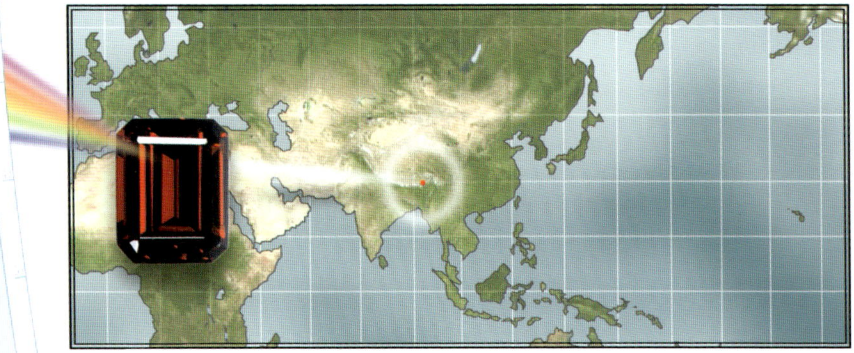

Kapitel 4:

Das Höchste der Gefühle

Gibt es so etwas wie eine Edelsteinsprache? Ja, sie wird hiermit vorgestellt. Dunkelrote Steine für die Kernkompetenz von Tibet und sechs kleine blaue für ein Malediven-Inselchen.

Das Geheimnis der dunkelroten Steine

Zum höchsten Berg der Erde: Am Anfang werden Sie wahrscheinlich enttäuscht sein, wenn Sie sehen, wie so ein Weltklasse-Reiseerlebnis aussieht. Die Erklärung kommt umgehend und beginnt bei den dunkelroten Steinchen. Sie werden nur selten Destinationen treffen, die mit dieser Farbe gekennzeichnet sind, und sehr selten gleich acht Stück davon. Hinter der Symbolfarbe Dunkelrot steckt die Bezeichnung "Alte und vergangene Kulturen, mystische Plätze, Religionen, Riten ..." Im Hochland von Tibet, in den und um die Klöster und auch im Potala-Palast ist diese Atmosphäre spürbar. Sogar Menschen, die für diese Gefühle überhaupt nicht zugänglich sind, werden vor Ort davon berührt.

Steinprofil
Tibet

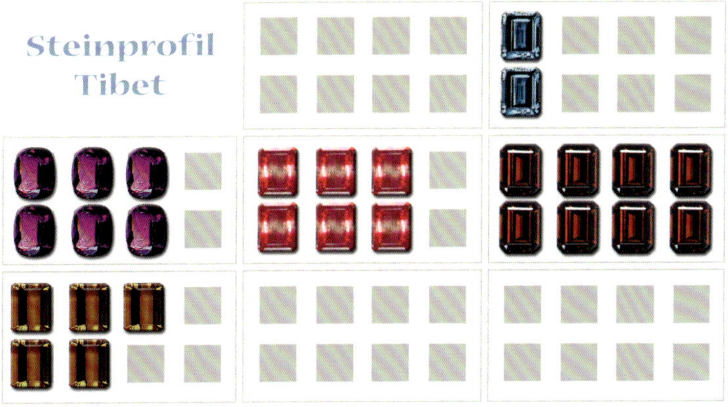

DIE HÖCHSTGELEGENEN SEEN DER WELT

Der höchstgelegene See der Erde ist, kleinere Seen im tibetanischen Gletschergebiet ausgeklammert, der Salzsee Tengri Nor im Hochland von Tibet mit 5.450 m über dem Meeresspiegel. Seine Wasserfläche beträgt 1.956 km² (www.erdkunde-wissen.de).

W-1 wim

Tibet (Xizang), M&N. Bedrohte Hochkultur.
1. Fläche: 1.228.000 qkm • 2. Einwohner: 2,6 Mio.
3. Einw. pro qkm: 2 • 4: Lhasa 29°N 91°E

Niemand weiß, wie lange die authentische Atmosphäre noch bestehen wird. Klar, der Potala-Palast, wurde renoviert, aber das ist nicht damit gemeint. Das autonome Tibet existierte Jahrhunderte; seit Jahrzehnten ist Tibet chinesisch besetzt. Diese Aussage ist erst einmal sachlich neutral, ebenso wie die Information, dass die Region damit zwei Lebensgefühle kennt. Das Tibetische und das Chinesische.

Und das Dritte kommt noch dazu: Das Touristische. Niemand kann sagen, ob die nächste Generation noch erlebt, wie das wirklich tibetische Gefühl ist. Vielleicht lebt es im Jahr 2030 noch, vielleicht ist es abgestorben und wird touristisch am Leben erhalten.

Überall auf der Welt werden authentische Ur-Gefühle seltener. So wie in Mexiko, wo die prächtigen Maya-Tempel wie die Loreley vermarktet werden. Mit anderen Worten: Wenn Sie noch Gelegenheit haben, authentische Plätze zu besuchen, sollten Sie es tun. Auch wenn der Weg beschwerlich ist, oder viel Geld kostet. Gerade solche Ziele sollten Sie in jungen Jahren vorziehen, denn die 'anderen Ziele' können Sie immer noch besuchen und bequem bereisen. In diesem konkreten Fall: Sollten Sie 'nur' drei bis vier Wochen zur Verfügung haben, ist es sinnvoll, den Schwerpunkt auf Tibet zu legen. Peking und Chengdu, bzw. Bangkok können Sie auf kürzeren Reisen erleben.

Ach ja, der Blick auf den guten alten Globus wäre noch interessant. Der Mount Everest (Höhe 8.848 m) liegt auf 25 Grad nördlicher Breite, also etwa auf der Höhe von Luxor in Ägypten. In Osttibet gibt es sogar Rhododendren, Azaleen und Magnolien.

Wasser

Die beiden blauen Steine verraten schon, dass hier kein karibisches Meer zu erwarten ist. Aber warum immerhin noch ganze zwei Stück? Dafür gibt es zwei Gründe. Erstens entspringt auf dem Hochplateau der Brahmaputra. Der heilige Fluss ist schon auf 4.000 m Höhe recht quirlig. Grund zwei ist für die traumhaften stillen Bergseen gedacht. Still wie ein Spiegel, ermöglichen sie Fotos, die betörend echt spiegelverkehrt wirken. Grüne Farbindikatoren für Flora und Fauna wurden nicht eingebaut.

EINZIGARTIGES MONUMENT

W-1 wim

Der Potala, Winterpalast des Dalai Lama: 999 Räume, 130.000 m², 13 Stockwerke, 5 m dicke Fassadenmauern, "eine architektonische Gestaltung, die das landschaftlich Gegebene gegenüber dem Geplanten favorisiert" *). Vgl. Brasilien Seite 115.

Violett in Hülle und Fülle

Für Violett wird (hier) in der Regel der Amethyst eingesetzt. Anspruchsvolle Juwelenkenner werden sagen, "wie billig". Sie haben dabei vielleicht Trödelmärkte in Erinnerung, wo ungeschliffene Brocken Amethyst, billiger als Magnum-Stieleis für die ganze Familie, angeboten werden. Der Unterschied: Ein erstklassiger Juwelier wird auch erstklassige, kristallklare Steine – und schön dunkle Ware – wählen und auf professionellen Schliff achten. In diesem Fall ist nichts gegen den Stein einzuwenden und thematisch erst recht nicht.

Die Leitfarbe wurde für die Kategorie 'Geomorphologie, Landschaft und Versteinerungen' gewählt. Weltklasse für die dortige Hochebene und sechs Steine. Insbesondere wenn Sie von der nepalesischen Seite über Land kommen, erleben Sie auf beiden Seiten der Schotterstrassen nicht nur die Nordseite des Mount-Everests sondern auch andere phantastische Berge. Die Szenerie wirkt wie ein Lehrbuch der Geologie und überrascht immer wieder aufs Neue.

Gleichzeitig wird das Umfeld der Berge noch hinzugezogen: Der Himmel. Es ist das tiefste Blau, was Sie sich vorstellen können. Auf Ihren Fotos werden Sie feststellen, dass der Himmel fast schwarz erscheint. Ein Reisegrund für sich!

Hellrot

Zwar ist der Jokhang-Tempel Tibets Nationalheiligtum, der Potala-Palast ist jedoch die Krönung der tibetischen Architektur. Eine Architektur, die perfekt zum Dach der Welt passt. Der Besuch im Inneren ist ein Erlebnis. Sanfte Dunkelheit, erdige Töne, geheimnisvolles Licht. Sogar die Küche ist sehenswert. In der Geschichte des Palastes[12)], seit dem 7. Jahrhundert n. Chr., wurden Teile des majestätischen Bauwerks im 16. und 17. Jahrhundert weiter aufgebaut und vollendet. In der Zeit der Kulturblüte fanden im fernen Südamerika umfassende Kulturzerstörungen durch europäische (spanische) Kolonialbesatzungen statt. Vgl. Mayakultur Seite 157. Schön ist es, wenn Sie einen professionellen Tibetologen dabei haben, der möglichst auch Deutsch oder Englisch spricht. Die Stadt Lhasa ist eine Mischung aus Tradition und Neuzeit: Auf den Märkten Zahnärzte in Aktion ebenso wie Uhrmacher, Yak-Burger-Verkäufer und Krimskrams-Anbieter für den touristischen Bedarf.

TIBETISCHE HOCHKULTUR

H-1 Herget, B-3

H-1 Herget, B-3

Auf dem Lande gibt es beeindruckende Klöster und eine unvergleichliche Optik durch farbige Mönchsgewänder, bunte Fassaden, steile Treppen und wilde mittelalterliche in Felle gehüllte Gestalten. Vor den Klöstern treffen Sie auch noch tiefgläubige Tibeter. Manche ziehen auf ihrem Klostergang wochenlang auf den Knien durchs Land und machen religiöse 'Niederwerfungen'. Gruselig für Besucher aus dem Westen zu wissen, wie hier die Toten bestattet werden. Am Ende bleiben nur kleine, von Geiern kahlgefressene Knöchelchen. Speziell bei jungen West-Besuchern wird Knochensammeln als Nervenkitzel angesehen und angenommen.

Bauernhöfe, aus Dung gebaut, stehen für Tradition, Einfachheit, Ruhe und ein würdiges Leben auf dem Lande. Die Kinder strahlend, die Alten mit charaktervollen Furchen im Gesicht und fröhlich-neugierig bei der herzlichen Begegnung. Ein Land wie ein riesiges Völkerkundemuseum.

oben W-1 wim

TIBETISCHE LEBENSART

H-1 Herget, B-3

Reisebeispiel Tibet

Für die Anreise gibt es diese Alternativen: So direkt wie möglich oder so indirekt wie nötig. Sie können relativ schnell per Flugzeug über China anreisen, wobei Sie die Akklimatisierung an die Höhenlage nicht zu kurz bemessen sollten.

Beispiel: Studienreise. 17 Reisetage, 6 davon in Tibet. Beide Langstrecken mit Thai Airways. Strecke: Frankfurt – Bangkok – Kunming (chinesische Provinz Yunnang). 6 Tage in Tibet. Langsame Steigerung der Höhe von 1.980 m auf 3.200 m. 9. Tag: Flug von Zhongdian nach Lhasa, Höhe 3.650 m. Aufenthalt in Tibet bis einschließlich 14. Tag. 15. Tag Rückflug Lhasa – Chengdu. 16. Tag Flug Chengdu – Bangkok – Frankfurt. **Tipp:** Diese Tour ist kurz und ziemlich heftig. Bitte überlegen Sie deshalb genau, WIE Sie reisen möchten (Pauschal, individuell, Trekking, Abenteuer, Komfort) und WARUM? Ab Seite 169 finden Sie eine Übersicht von Basis-Reisemotivationen.

Der schönste Weg ist sehr indirekt und führt über Nepal oder Bhutan – Bangkok. Er ist langwierig, rustikal, teuer und sehr empfehlenswert.

W-1 wim

B-1/1 Bhutan / P-5 John Kelly

LAND DES DONNERDRACHENS

B-1/2 Bhutan / P-6 John Kelly

M&N, exotischer Schatz im östlichen Himalaja.

1. Fläche: 47.000 qkm • 2. Einwohner: 0,9 Mio. • 3. Einw. pro qkm: 18 • 4. Thimpu: 27°N 89°E

Bhutan

Die Bedeutung von Bhutan als Weltklasse-Destination lässt sich nicht auf zwei Doppelseiten darstellen.

In der Parallelproduktion von 'Reisen macht Reich' jedoch, in der virtuellen Welt von Turmalí (Vgl. Seiten 137/138), wird die Pracht von Bhutan würdevoll vertreten sein. Die fünf Vegetationsprofile von tropisch bis alpin, ein wahres botanisches Paradies mit z. B. 50 Rhododendron- und 300 Orchideen-Arten und 300 Heilkräutern. 72 % des Landes sind dicht bewaldet. Hohe Artenvielfalt finden wir ebenso in der Tierwelt: Tiger, Elefanten, Rhinos, Tibet-Gazellen, Goldlanguren, Pandas, Schwarzkraniche und weitere 674 Vogelarten[13].

Kulturell und ökonomisch hat das tantrisch-buddhistische Bhutan eigene Standpunkte wie: "Bruttosozialglück ist wichtiger als Bruttosozialprodukt[14]" und: "Bhutanesische Kunst ist anonym, damit der Künstler frei von jeder Eitelkeit bleibt.[15]" "Ein Bhutanese betrachtet eine Malerei oder Skulptur nicht als Kunst, sondern als religiöses Werk. Kunstwerke werden durch eine spezielle Zeremonie geweiht. Ein eindeutiger Gegenpol zum Starkult der Neuzeit (vgl. Seite 179 + 115).

B-1/3 Bhutan / P-6 Mark Van Alstine

B-1/4 Bhutan / P-6 Keen Publishing

FESTZEIT IN BHUTAN...

B-1/5 Bhutan / P-6 Keen Publishing

... MUSIK, TANZ UND FAMILIENTREFFEN

BERGSTEIGER, AUSSTEIGER, WANDERER

W-1 wim

Nepal, Land zwischen Jungle Lodge und Mount Everest
M>N, • 1. Fläche: 147.000 qkm • 2. Einwohner: 24,1 Mio.
3. Einw. p. qkm: 164 • 4. Kathmandu: 27°N 85°E

H-1 Herget, B-3

Nepal

Nepal ist seit Jahrzehnten ein Fernreise-Klassiker. Angelockt vom höchsten Berg der Erde kommen Bergsteiger, Aussteiger, Pauschaltouristen, Abenteurer, Spiritualisten und Sinnsucher. 1995 jedoch begann die Destabilisierung. “Die maoistischen Rebellen weiteten … ihren Einfluss in großen Teilen des Landes aus und üben inzwischen in etwa vier Fünfteln der 75 Distrikte weitgehend die Kontrolle aus.[16)]” Und: “Für den Fall, dass der Nepalteil dieser Reise nicht durchführbar sein sollte, werden wir ein attraktives erweitertes Nord-Indienprogramm mit Sikkim als Alternative anbieten[17)].”

Tatsache: Ein Großteil der Destinationen unserer Erde wird irgendwann von Unheil heimgesucht, z. B.: Sri Lanka, Indonesien, Pakistan, New York, London, Grenada, Südafrika, Brasilien, Kolumbien. Erdbeben, Flutwellen, Entführungen, Raub, Revolutionen und sonstige Bedrohungen lösen unaufhörlich Negativ-Schlagzeilen aus. In solchen Situationen ist es sinnvoll, sich einem großen, erfahrenen Reiseveranstalter anzuvertrauen.

T-5/1 Tiger Tops

HEIMSTATT DER GÖTTER

In normalen Zeiten jedoch gibt es Alternativen. Zugespitzt: Mit einer üblichen Pauschalreise reisen Sie nicht, Sie WERDEN gereist. Sie brauchen nichts zu planen, keine Flüge und Unterkünfte suchen, Fachliteratur wälzen, Sicherheitsvorkehrungen entwerfen usw. Trotz häufigen Kofferpackens, Restaurantwechselns, Bustransfers, reiserechtlicher Unbedenklichkeit und professioneller Stadtführungen bleiben durchgestylte Pauschaltouren ein eher seichtes Erlebnis. Reisen Sie in den Jahren, in denen Sie es können, so ungebunden wie möglich. Erweitern Sie Ihre Grenzen und Ihren Horizont, treffen Sie Einheimische, benutzen Sie lokale Busverbindungen und nehmen Sie landestypische Hotels. Wenn Sie auf diesem Gebiet wenig Erfahrung haben, sind 'Sympathie-Magazine' des Studienkreises für Tourismus und Entwicklung[18] eine gute erste Hilfe. Unbefangene Fernreisende ohne Lesebedarf sollten mindestens die dringenden Benimmregeln der betreffenden Destination lesen, Beispiel: Jamaica. Vor 20 Jahren löste ein Artikel über Überfälle auf der Karibikinsel durch die Zeitschrift "Stern" einen Buchungssturz aus. Das Land hat aus den Erfahrungen gelernt: Die **do's-and-dont's** für Reisen nach Jamaica[19] sind kurz, klar und zutreffend. Reisesicherheit beginnt beim Reisenden.

Den schönsten Blick hat man aus der Tiefebene von Nepal, etwa am Chitwan-Nationalpark. Stellen Sie sich vor, Sie stehen im satten Grün einer subtropischen Landschaft. In der Ferne sehen Sie eine strahlend weiße Wand aus über 7.000 m hohen Bergen. Der Blick ist unvergesslich.

Die indirekte Anreise über einen südlichen Nachbarstaat von Tibet hat weitere Vorteile. Sie können beispielsweise in Bhaktapur noch das Mittelalter erleben und sich gleichzeitig an ein sanftes Höhenklima ab 1.000 m gewöhnen. In einem zweiten Schritt können Sie sich bei Pokhara in größerer Höhe akklimatisieren. So erhält Ihr Körper schrittweise mehr rote Blutkörperchen und bewirkt, dass Sie später in Lhasa nicht gleich 'umkippen' und mit doppelter Pulsfrequenz um Sauerstoff bitten müssen. Unnötig zu erwähnen, dass Sie in Nepal und Bhutan schon voll für den Gang zum mystischen Dach der Welt sensibilisiert werden. Der Weg von Kathmandu nach Tibet, mit der Besteigung (für Laien möglich) eines steilen Bergmassivs, ist ein filmreifes Erlebnis.

Malediven

Male
4°N 73°E

Vernünftige Rückreise

Und wie kommen Sie wieder zurück nach Hause? Am besten, Sie gönnen sich nach den Strapazen einige Urlaubswochen auf einer kleinen Malediven-Insel. In der Edelsteinsprache:

Sechs blaue Steinchen! Der weiße Topas (preiswerter als Diamant, dennoch die richtige Farbe) bedeutet 'Wellness, Kultur, Luxus & Genuss'.

Es ist anzunehmen, dass Sie sich diese Reise nur einmal im Leben leisten möchten. Dann brauchen Sie dafür auch Zeit und Inszenierung. Wenn Andere Ihre Tour nicht inszenieren, sollten Sie das selbst in die Hand nehmen.

Wichtig ist die rigorose Verabschiedung aus dem vertrauten Heimatumfeld und das stufenweise Aufsteigen zum Dach der Welt. Danach der maledivische Ausklang. Nach Wahl voll luxuriös-bequem oder rustikal-natürlich. Danach ist 'er' dauerhaft in Ihrem Kopf: Der höchste Berg der Welt. Der ruft nicht, sondern Ihre Heimat meldet sich. Schon beim Dinner auf den Malediven freuen Sie sich auf die Rückreise.

Steinprofil
Malediven

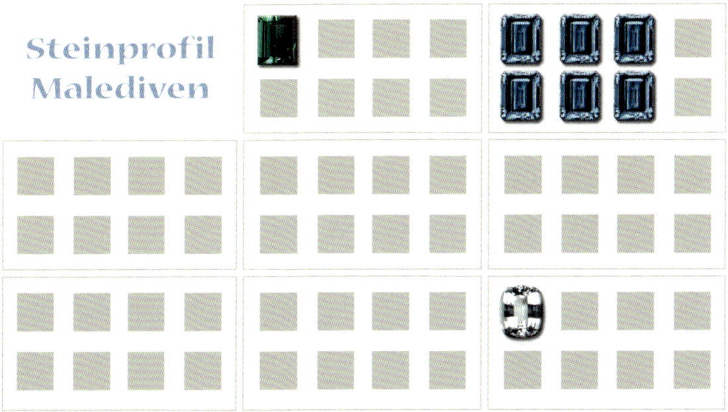

1087 INSELCHEN...

M-1 Malediven

M-1 Malediven

... DAVON 220 UNBEWOHNT

K-1 © Kiedrowski

P-2 Prince Maurice

EWIGE WEISHEIT

Kapitel 5:

Weitsicht

Große Reisen haben manchmal große Folgen. Sie gewinnen Abstand zu allem und entdecken neue Horizonte. Wie Ping-Pong-Emigranten und DMN, das Phänomen der Dauer-Migranten der Neuzeit.

Reiselust und Nebenjob

Ein großes Erlebnis hat, wie Medaillen, eine Kehrseite. Diesmal nicht mit einer schlechten, sondern mit einer guten Nachricht. Neben dem Reise-Eindruck im Kopf, entsteht unbeabsichtigt, manchmal, ein konkreter Nutzen. Vom Dach der Welt kommt man meistens mit einer großen Distanz zum eigenen, vertrauten Umfeld nach Hause zurück. Wichtigkeiten sind vorerst weit weg: Fernsehen, Nachrichten, Politik, Internet, Termine, Zwänge, Pläne, Euro, Europa, Aldi und überhaupt. Der neue Freiraum im Kopf ist eine ideale Gelegenheit, eigene Positionen zu überdenken und Entdeckungen zu machen.

Zum Beispiel "DMN": Die neuen Dauer-Migranten der Neuzeit. Erst Anfang der 90er Jahre wurde es, weitgehend unbemerkt, zum Massenphänomen. Fotografen und Redakteure, Wahrsager und Gastronomen, Bäcker und Makler, Marketing- und Werbeleute waren intensiv unterwegs, ohne einen konkreten Auftrag zu haben. Lupenreiner Urlaub war es aber auch nicht. Sie hatten eine unbekümmerte Reiselust und wollten, bewusst oder unbewusst, irgendwo-irgendwie einen kleinen Nebenjob daraus machen. Als Gegenfinanzierung sozusagen. Und als innere Entschuldigung für den enormen Zeitaufwand.

Inzwischen sind massenhaft solche sanften Zweitjobs entstanden. Diese 'Zielgruppe' umfasst alle nur denkbaren Berufe und Hobbys. Ob Ärztin oder Maler, Musiker oder Koch, egal. Die zweite oder dritte Heimat ruft oft, öfter und dauerhaft.

Wenn das nun so ist, hat jeder Mensch mit bestimmten Basisfähigkeiten, eine gute Chance, seinen Reiseaufwand an Zeit und Geld ganz oder teilweise zu kompensieren. Damit sind die Haupteinwände gegen größere LebensArt-Reisen erheblich relativiert.

K-1 © Kiedrowski

DAS WANDERN LIEGT UNS IM BLUT

Die üblichen Einwände werden weniger wichtig

"Ich habe im Augenblick keine Zeit für eine große Reise. Außerdem habe ich für größere Geldausgaben andere Prioritäten". Danach folgt das ganze Spektrum von "hab' gerade einen neuen Job, hab' einen großen Auftrag, habe im Augenblick gar keine Aufträge, habe gerade geheiratet und mein Mann bringt vier Kinder mit in die Ehe und ein altes Haus" bis "unsere kleine Tochter ist krank, werde operiert, muss mich um meine alte Mutter kümmern, mein Auto hat den Geist aufgegeben".

Auch wenn diese Liste so umfassend wie ein Telefonbuch wird, für Lifestyle-Migranten wie DMNs schrumpft die Palette der Einwände. Denn der stete Umgang mit anderen Kulturen in interessanten Ländern bereichert ihren persönlichen- und beruflichen Alltag. Sie haben einen unsichtbaren Vorsprung anderen gegenüber, bringen neue Produktideen mit oder konnten Kunden in Übersee gewinnen.

DMN-Signale

Bei einer Studie der Reisewünsche von[20] (überwiegend) Deutschen, die ein Ticket nach Brasilien gekauft hatten, wurde das DMN-Phänomen deutlich sichtbar. Auf die Frage: Ich will nach Brasilien, weil ... kamen neben typischen Touristen-Antworten, Antworten wie: "weil ich außerdem Kunstgewerbliches nach Deutschland importiere", "dort mein Zweitwohnsitz ist", "ich in 2-3 Jahren länger bleiben möchte, ca. 4-5 Monate im Jahr", "mein Neffe dort eine Brasilianerin heiratet", "wir dort überwintern", "auf einem Sozialprojekt ehrenamtlich arbeiten möchte", "ich ein Buch und dazu journalistische Berichte schreibe", "ich im Karnevalsteam von Salvador mitarbeite", "Habe ein Haus in Brasilien", "Das Land soll schließlich mal mein Wohnsitz werden", "ich arbeite an einem wissenschaftlichen Projekt mit", "ich besuche meinen Mann, der an der Uni Fortaleza arbeitet", "ich fliege 2-3-mal im Jahr dort hin".

Fazit: Deutliche Hinweise auf DMN-Anwesenheit. Die hier aufgespürten DMNer sind inhaltlich weniger Lifestyle-Migranten, sondern eher Ping-Pong-Emigranten. Vor 180 Jahren kamen ganze Emigranten-Wellen aus Deutschland nach Süd-Brasilien. Sie verließen aber Haus

WELLNESS & YOGA

© R-2-The Residence, Mauritius

& Hof, wenn sie es denn in der Armutszeit überhaupt hatten, und siedelten sich in der Ferne an.

Es ist sehr interessant zu sehen, dass Auswanderung heute anders vor sich geht. Die DMNs behalten ihre Existenz in Deutschland (oder Europa) und bereiten von langer Hand die Teil-Auswanderung vor. Ganz verschwinden sie nicht, aber ein bisschen. Sie pendeln in unregelmäßigen Abständen, wie es Zeit & Geld jeweils erlauben, und finden gerade die Kombination lebenswert. Also doch Lifestyle-Migranten? Arbeiten in Deutschland und nebenbei lateinamerikanisch leben?

Früher waren nur wichtige, reiseberufliche oder privilegierte Menschen in der Lage so zu leben: Animateure, Außenminister, Fürsten, Flugkapitäne, Stewardessen, Popstars, Entwicklungshelfer. Heute ist das DMN-Dasein voll demokratisiert. Jeder kann dazugehören. Sie müssen nicht unbedingt mehr im Lotto gewinnen oder üppig von einer unbekannten, reichen Tante in Tasmanien erben. Vielleicht also, willkommen im Kreis der DMNerinnen und DMNer. Die Kehrseite der Medaille ist eigentlich ganz nett. Nicht für das Finanzministerium, sondern für Sie.

N-1 Neckar Island

SELTENE GEHIRNKORALLE

K-1 © Kiedrowski

Polynesien, N>M. Polynesier, die wahren Entdecker der Südsee. Der Pazifische Ozean hat eine Größe von 165 Mio. qkm (mehr als Atlantik und Indischer Ozean zusammen). Weit vor den Europäern, als Germanen noch Waldbewohner waren (Vgl. Seite 176), erreichten Segler der Marquesas-Inseln die Osterinsel und Tahiti. Später sogar Hawaii und Neuseeland.

Kapitel 6:

Der polynesische Farbraum

Farben als Reisegrund? Auf den Spuren des Farbgefühls bekommt die Aussage in fünf Schritten eine klare, paradiesische Kontur.

Deutsche Südsee-Kolonien

Auf in den polynesischen Farbraum! Wenn Sie noch keine Vorstellung haben, welche Nebentätigkeit Sie als DMN wählen sollten, hier ein heißer Tipp: Werden Sie Ethnologin oder Geschichtsforscher. Sie können dann unentwegt in herrlichen Regionen herumreisen, Recherchen anstellen, historische Plätze besuchen, Urlaub machen. Sie packen Notebook und Digitalkamera ein, tippen ab und zu mal wichtigtuerisch am Pool, machen Schnappschüsse und schlürfen eine Bloody Mary. Es war der Autor James Mitchener, der auf Samoa diesen Drink ins Rampenlicht rückte. Hier in der Region heiratet es sich vorzüglich. Das Hotel 'Aggie Grey' auf Samoa hat ein erlesenes Spezialteam für Ja-Wort-Events. Was halten Sie z. B. von einem "Canoe Lagoon Wedding", wobei Sie ohne Mehrkosten aussuchen können, ob Sie bei Sonnenuntergang oder Sonnenaufgang getraut werden möchten. Und dieses Naturschauspiel (Farbraum I) ist in der Südsee von einer außerirdisch-flammenden Qualität. Fotos vom Zweisamkeits-Event zeigen das Traugeschehen in einem traditionellen Paopao-Kanu. Zurück in Deutschland bieten Sie Ihre Story einer Zeitschrift an, oder Sie machen schon vorher Vereinbarungen mit Interessenten.

Der polynesische Farbraum

Kein einziges Erdkundebuch wird, so ist anzunehmen, 'Farbräume' erklären. Reiseveranstalter werden sich hüten, eine solche unverständliche Formulierung aufzunehmen. Die Begründung der sonderbaren Bezeichnung: Erstens sind Reiseerlebnisse etwas anderes als geografische Erscheinungsformen und von der Stange buchbare Reisen. Beim Erlebnis zählen Gefühle, die durch Unsachlichkeit nicht gleich unsinnig sind.

Zweitens geht es um eine Regionsbestimmung der anderen Art: Die recht unterschiedlichen Nachbarregionen Polynesien und Melanesien lassen sich unter der Bezeichnung 'Southpacific' zusammenfassen. Der englische Begriff hat jedoch mehrere Gefühlsinhalte. So gibt es ein Musical

Trobriand Inseln

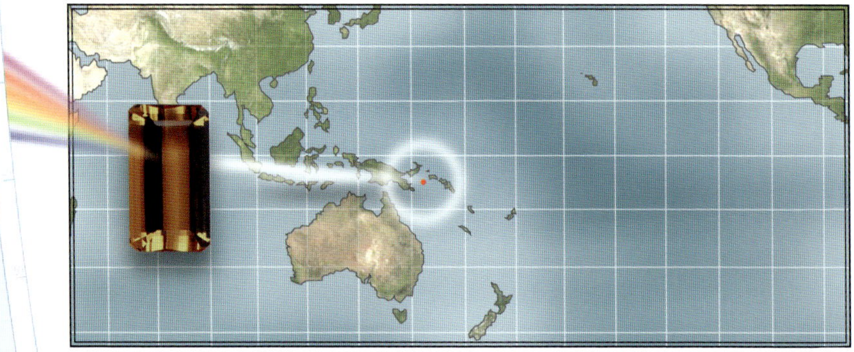

S. 111
S. 176

K-1 © Kiedrowski

über das Thema, darüber hinaus ist es ein militärischer Begriff der USA. Das Gegenstück zum Nord-Atlantik sozusagen. In der Southpacific-Region wurden im zweiten Weltkrieg gewaltige Schlachten geschlagen. Drittens geht es in dieser Publikation darum, Destinationen wie die Trobriand-Inseln mit einzubeziehen. Korrekterweise gehören diese zu Papua-Neuguinea *und damit zu Melanesien.*

Das Gebiet ist jedoch ethnologisch so etwas wie eine polynesische Enklave, wo die Einwohner eindeutig eine hellere Haut als Melanesier haben. Vieles spricht dafür, nicht zuletzt die berühmte maritime Tauschhandels-Tradition des 'Kula-Rings'. Ein persönliches Erlebnis hat mich dazu gebracht, die Insel und das benachbarte Woodlark liebevoll im polynesischen Farbgefühl aufzunehmen.

Sie kennen sicher die herrliche tropische Unterwasserwelt, live oder aus den Medien. Für das echte Erlebnis muss man entweder tauchen oder schnorcheln. Also, 'eine bewegende Aktivität ausüben'. Eines Tages war ich zwischen beiden Inseln unterwegs und hatte eine Schnorchelmaske dabei. Irgendwie hatte ich keine Lust, damit rumzuschwimmen und setzte mich schlicht mit meiner Maske auf den Meeresboden. So untief, dass

K-1 © Kiedrowski

BRONISLAW MALINOWSKI

S.107

W-1wim

Papua Neuguinea, M&N. Lebendige Steinzeit und enorme Artenvielfalt. 1. Fläche: 463.000 qkm 2. Einwohner: 5,4 Mio. • 3. Einw. pro qkm: 12 • 4. Trobiands: 8°S 151°E ich ruhig atmend auf dem Boden sitzen bleiben konnte. Regungslos guckte ich im klaren, blaugrünen Wasser umher (Farbraum II). Nach einigen Minuten kamen kleine Fische mich besuchen. Es wurden immer mehr. Immer größer, immer bunter. Ganze Schwärme öffneten sich für mich und schrumpften bei der leisesten Bewegung blitzschnell zu einem Riesenball zusammen. Das Wasser musste etwa 26 Grad gehabt haben, so dass ich es nicht eilig hatte aufzustehen. Eine ewige Stunde fühlte ich mich herzlich im Kreis der graziösen Meeresbewohner aufgenommen.

Acht braune Steine charakterisieren das Einmalige der Trobriand-Inseln. Sie stehen für Ethno-Gefühl und authentisches, indigenes Leben. Vom Wasser her hat die Inselgruppe ebenfalls Spitzenqualität zu verzeichnen; eine intakte Unterwasserwelt für höchste Ansprüche: 6 x blau. Der Primärwald ist weitgehend verloren, dafür ist die Sekundär-Vegetation üppig, schön und artenreich, gut für 3 x Grün. Violett und Gelb wurden nicht als Kennzeichnung angegeben, die Rot-Palette ist bescheiden.

Zurück zur Realität der deutschen Südsee-Kolonien. Im Ersten Weltkrieg forschte der deutsch-polnische Anthropologe Bronislaw Malinowski auf den Trobriand-Inseln. Wie erwähnt, es war Krieg und Berlin weit weg. Irgendwann kam der angelsächsische Feind auf die Insel, und australische Truppen entdeckten Bronislaw, den Wissenschaftler. Und eigentlich musste er, wie alle Deutschen auf Deutsch-Neuguinea, in Australien interniert werden. Unheil drohte. Der Mann muss wohl einen harmlosen Eindruck gemacht haben, denn

K-1 © Kiedrowski

K-1 © Kiedrowski

AUF IN DIE 'STEINZEIT'

er bekam eine Option: Zwangs-Internierung oder weiter forschen. Die Wahl war nicht schwer und Malinowski schuf ein Standardwerk seines Fachs. Seine Studien beschrieben unter anderem minutiös die Riten einer freien Liebe, die junge Einwohner der Inselgruppe seit Jahrhunderten praktizieren. Seitdem haben die Trobriands den Beinamen 'Liebesinseln'. Der Nährboden für die Akzeptanz dieses Gefühls wurde schon lange vorher in Europa gelegt. Reiseberichte vom Entdecker Cook und andere Quellen einer anderen Lebensart hatten das Publikum erst mit Abscheu erfüllt, aber anschließend fasziniert.

Die Liebesinseln sind auch in anderer Hinsicht erlebenswert. Die Fähigkeit, Hütten und Boote aus reinen Naturprodukten herzustellen, ist sagenhaft. Ohne Nägel, Schrauben, Scharniere, Dübel, Kunststoffe, Montage-Anleitungen und weiteren baumarktfähigen Produkten. Seit Generationen werden Hütten hier so gebaut. Wenn ein junges Paar eine Familie gründet, geht es in den Wald und baut sich in kürzester Zeit ein Dach über den Kopf. Die beiden vermissen weder Betonkonstruktionen, weil sie solche nicht kennen, noch Bausparver-träge, weil sie das nicht brauchen.

In der Landwirtschaft für den eigenen Bedarf wird das angebaut, was benötigt wird. Gefischt wird mit der traditionellen Netzwurf-Technik und nur so viel aus dem Meer geholt, wie die Familie braucht.

Melanesisch-Polynesische Vielfalt

Wir verlassen die bezaubernde Ethno-Destination und reisen jetzt virtuell durch Melanesien, mit Fortsetzung nach Polynesien. Jede Inselgruppe hat eine eigene Kultur, einen eigenen Charakter und bietet damit individuelle Reisegründe. Die Gesamtregion ist reich an Kunst und hat eine imposante, Jahrtausende alte maritime Geschichte. Die Kolonial-Invasionen liefern ebenfalls Stoff für eine ganze Bibliothek. Helden, Entdecker und Schurken prägten ab dem 15. Jahrhundert die Südsee. Von Magellan bis Cook, von d' Entrecasteau bis Tasman. Wenn Sie herrliche Natur und den American Way of Life lieben, ist Hawaii für Sie das ideale Reiseziel. Wenn Sie eine sensationelle Wasserlandschaft, insulare Ursprünglichkeit, raffinierte Gastronomie und Hotellerie suchen, sind Sie hier besser aufgehoben.

Das maritime Melanesien: Salomon-Inseln, Neukaledonien, die Neuen Hebriden, Vanuatu. An der Südspitze von **Neukaledonien**, einer ehemaligen

N-3 Trans Niugini

N-3 Trans Niugini

Neukaledonien (Fr.), M>N. Heimat der Kanaken. 1. Fläche: 19.100 qkm
2. Einwohner: 209.000 • 3. Einw. pro qkm: 11 • 4. Nouméa: 22°S 166°E

französischen Kolonie, liegt die Île des Pins, die Pinien-Insel. Wie es in einigen europäischen Ländern üblich war, wurden Schwerverbrecher auf flucht-resistente, entlegene Inseln verbannt (Strafkolonien). Frankreich entsorgte auf der Île des Pins vor allem die Pariser Kommunarden, die revolutionäre sozialistische Sonderregierung von 1871. Aus einem 'Stammheim der Geschichte' ist das Eiland zum Touristenparadies geworden. Das ehemalige Gefängnis und der Friedhof sind Highlights für Besucher aus aller Welt.

Alleine schon die Île des Pins (Farbraum, ethnologisch melanesisch, auf den vorgelagerten Inseln ist die Farbstimmung typisch polynesisch) ohne die anderen Schätze von Neukaledonien ist preisverdächtig wie folgt charakterisiert:

N-3 Trans Niugini

Île des Pins

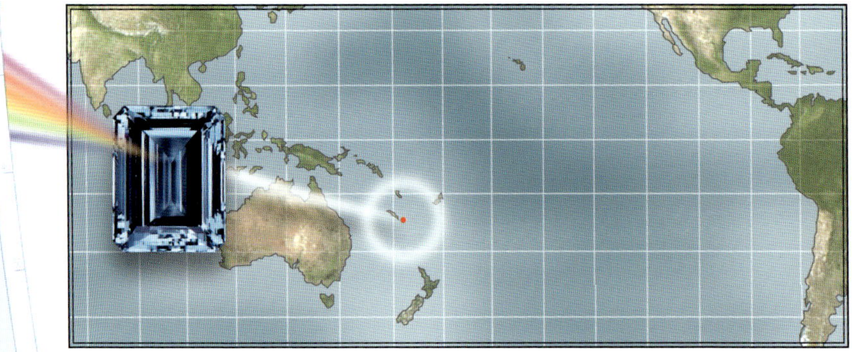

L-1 Holger Leue

7 blaue Steine für das herrliche Taucher- und Strandparadies. 5 grüne Steine für die Schönheit der Natur. Der Forscher James Cook benannte die Insel nach den bis zu 65 m hoch wachsenden 'Pinien' (Araucaria). Vgl.: Patagonien Seite 86 und 89). Gerade diese natürliche Skyline (Farbraum III) unterscheidet Teile der neukaledonischen Küste markant von fast allen anderen 'Palmenküsten' der Welt.

Die gesamte Inselgruppe Neukaledonien hat logischerweise ein noch viel größeres Spektrum an Qualitäten.

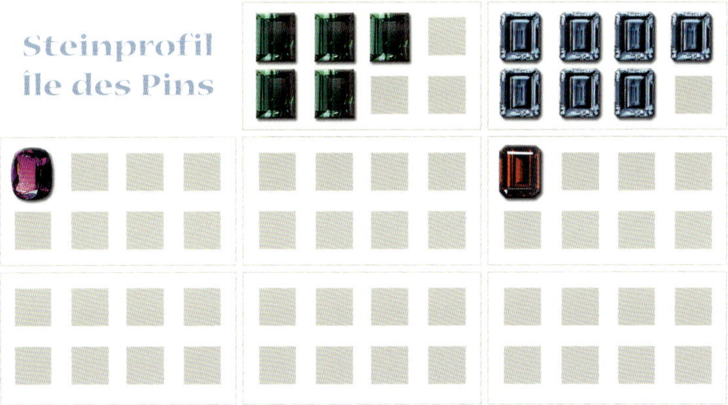

BESIEDELT SEIT 1500 V. CHR.

F-1 Fidschi

Weiter nach **Fidschi (Fiji)**, das zwischen Melanesien und Polynesien angesiedelt ist. Durch den 60-prozentigen Anteil der indischen Bevölkerung ist der Charakter ebenfalls wiederum völlig eigenständig.

Auf der Fischi-Insel Taveuni können Sie auf der Datumsgrenze mit einem Bein im Gestern stehen und mit einem Bein im Heute. Oder Sie springen darüber, wie der Mann mit dem gelben Bastrock auf der linken Seite.

Fidschi umfasst, typisch für die Südsee, 330 Inseln & Atolle. Fläche: über 518.000 Quadratkilometer.

Entdecken wie Alexander von Humboldt?

Wie Sie nun reisen oder nicht-reisen, ist ganz und gar Ihre persönliche Entscheidung. Hauptsache, Sie sind mit dem Herzen dabei und verstehen, dass die Summe aller Einzelreisen entweder ein Reise-Sammelsurium oder eine langfristig angelegte Entdeckungsreise ist. Alexander von Humboldt ist zwar ein großes Vorbild, aber die Wenigsten können sich jahrelange Expeditionen erlauben. Seine "Reise in die Äquinoktial-Gegenden des Neuen Kontinents" hört sich auch nicht nach einer kurzen All-Inclusive-Rundreise nach Südamerika an. Die moderne Alternative: Zerlegen Sie Ihre Entdeckungsgelüste planmäßig in Einzelreisen.

F-1 Fidschi

SÜDSEE JA-WORT

F-1 Fidschi

Fidschi (Fiji), M&N. Staat mit Datumsgrenze. • 1a. Fläche: 18.000 qkm (Land)
1b. Fläche (+ Wasser): 518.000 qkm, 330 Inseln • 2. Einwohner: 823.000
3. Einw. pro qkm: 45 (Land) • 4. Suva: 18°S 178°E

Nochmals Flitterwochen

Obwohl schon im Abschnitt der deutschen Südseekolonien erwähnt, mit dem ‘Canoe Lagoon Wedding’ auf Samoa steht Heiraten nochmals auf dem Programm. Die meisten besonderen Hotels in der Südsee haben einen exzellenten Wedding Service. Fiji ist in diesem Segment gut vertreten. Fürs Trau-technische gibt Fiji ein spezielles Merkblatt[21)] heraus, siehe auch www.bulafiji.de, bulafiji.at, bulafiji.ch. Hierin gibt es konkrete Informationen über Procedere, Papierkram (Scheidungsurkunde, falls geschieden – Todesurkunde, falls verwitwet – Ledigkeitsbestätigung für Erstlinge) bis hin zu Gebühren (wie Heiratsurkunde pro Kopie 5,63 F$ / 1 F$= 0,59 €). Zum Inhaltlichen:

Sie können sich “im Rahmen einer atemberaubenden Unterwasserzeremonie oder an einem einsamen Strand mit Blick auf das türkisfarbene Meer” bejahen, “sich während eines Ballonflugs über tropische Regenwälder, oder auf einem Felsplateau inmitten von rauschenden Wasserfällen trauen lassen” (Merkblatt Heiraten & Flitterwochen wie oben erwähnt). Romantisch gefärbt wird es erst recht, wenn Sie “in speziell für Sie angefertigten Tapa-Kleidern, geschmückt mit duftenden, farbenfrohen Frangipani-Blütenketten” (Farbraum IV) den besonderen Tag genießen. Sie werden dabei stilecht von fijianischen Chorgesängen und eingängigen Trommelrhythmen begleitet.

Etwa an der Datumsgrenze beginnt Polynesien, mit klangvollen Namen wie Cook-Islands, Samoa, **Französisch-Polynesien: Tahiti**, Bora Bora, Rangiroa, Marquesas. Zu viele Besonderheiten, um allen Schönheiten gerecht zu werden. Und zu viele Details, wie Südseeperlen, traditionelle Tattoos und Katamaran-Abenteuer. Mit Farbraum V wird, fast unanständig drastisch formuliert, eine weitere Erklärung der Wirkung von Farbe & Raum versucht.

Situation D, Daheim: Millionen Leute, ‘wohnen in Wohnungen’. Der Baukörper ist mit der Form eines Schuhkartons vergleichbar. Ein rechteckiger Lebensraum, der durch ebensolche Fenster das Geschehen draußen freigibt. Die Decke ist überwiegend weiß getüncht. Die Wände haben etwas mehr Farbe, aber hell-blasse Raufaser-Stimmung ist häufig anzutreffen. Der Boden, glatt oder haarig, bietet in der Regel auch keine betörende Farbfläche. Wer darin z. B. 10 Jahre wohnt, verinnerlicht das Zweckraumleben und kommt überhaupt nicht auf die Idee, mit einer Reise einen anderen Farbraum zu erleben.

Tuamotu

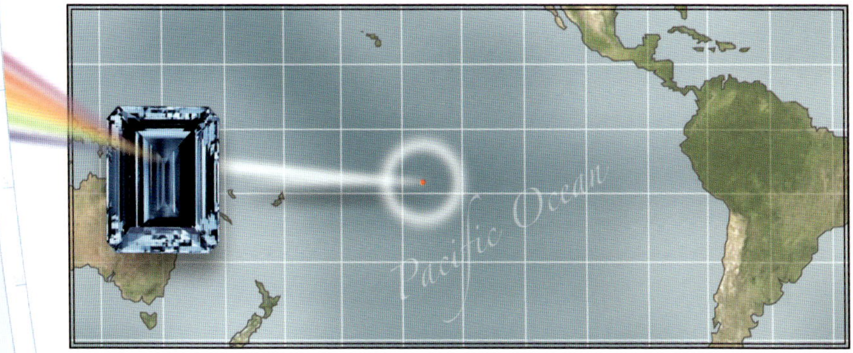

Tuamotu
Archipel
14°S 145°W

Situation T, **Tuamotu**. Diese Inselgruppe liegt nordöstlich von Tahiti und umfasst 76 Robinson-Inseln und Atolle. Das T-Gefühl gibt es in zwei Locations: Tikehau ('Die Insel mit dem rosa Sand'), einem kreisförmigen Atoll, und Manihi ('Die Perlen-Insel'). Beide verfügen über ein 'Pearl Resort'.

Vorab sei erwähnt, dass sich in Polynesien 'Bungalows auf Stelzen' durchgesetzt haben, die nur über Stege von Land aus zu erreichen sind. So auch (allesamt Pearl-Resorts) auf Tikehau mit 30 Einheiten auf Pfählen, und Manihi mit 19 Einheiten auf Pfählen. 'Einheiten' hört sich etwas trocken an, es sind aber Überwasser-Appartments, Einfamilienhäuser und Luxus-Einfamilienhäuser. Was ist nun konkret unter dem polynesischen Farbgefühl V zu verstehen?

Wenn Sie auf Ihrem Manihi-Überwasser-Domizil tropical drinks bestellen, kommt ein Kanu vorbei und eine Südsee-Schönheit bringt Ihnen diese auf Ihre Veranda. Ebenso wird Ihnen das Lobstermahl serviert, tropische Früchte und was das Herz oder der Magen begehrt.

360 Grad um den Bungalow herum ist alles blau und türkis (mit Ausnahme eines schmalen Holzstegs, um zu Fuß an Land zu kommen). Im Schlafzimmer gibt es nicht nur eine göttliche Aussicht, sondern auch einen Glas-Tisch. Guckt man an diesem Tisch nach unten (Farbraum V), so sieht man das Lagunenwasser, Fische und kleine Wellen (wie in einem Glassbottomboat).

OPEN AIR ROOMSERVICE

P-1 Pearl Beach

P-1 Pearl Beach

Französisch Polynesien, N>M. Klassisches Südsee Paradies. • 1a. Fläche (Land): 4.200 qkm
1b. Fläche (+Wasser): 4 Mio. qkm. Fünf Archipele mit 120 Inseln. • 2. Einwohner: 245.000
3. Einw. pro qkm: 58 (Land) • 4. Papeete: 17°S 149°W

Edle Hölzer und Wasserdurchblick am Boden. Palmdächer und Bambus-Design statt weiß-getünchte-glatte-Fläche an der Decke, blumen-umrankte Bedienung und vor allem: Eins sein mit der lichtdurchfluteten Natur, weiße Korallensände, Vögel, Fische, Wind und Wolken. Endlose Schönheit.

Südsee-Folgen

Ich hatte mal einen Kunden in der Baubranche. Die Firma war stockkonservativ, aber es gelang mir zur Aussendienst-Motiviation einen Club der Erfolgreichen ins Leben zu rufen. Als Hauptpreis stellte ich mit Hilfe von Heiva die Destination Tahiti vor. Im Laufe des Leistungs-Wettbewerbs war zum Erstaunen aller, ein schwacher Verkäufer, Herr P., schon etwas ergraut, enorm erfolgreich. Er schaffte stetig Aufträge heran und wurde sogar der absolute Gewinner. Die Firma war glücklich und der Mann auch, denn er gewann den Hauptpreis: Die Reise nach Tahiti.

Einmal zurück, freute sich die Firma schon auf den Superverkäufer. Oh Schreck, als er stattdessen bald kündigte. Er hatte neuen Schwung bekommen, sich beworben und einen besseren Job ergattert. Die unerwartete Heiva-Offensive hat ihre Wirkung gründlich getan.

Kiki Baron

Wasserqualität:
"Innerhalb des Riffs in der Lagune schillert es je nach Tiefe in Opaltönen, von Ultramarin über Grelltürkis bis hin zu einem hellen Pastellblau."

Erotik:
"Die männlichen Zuschauer hatten vor Begeisterung aufgeschrien, als die schwarzmähnigen Südseeschönheiten in unglaublicher Geschwindigkeit ihre bastberockten Hüften schwangen. Rio Karneval Seite 119). Die Frauen hingegen hatten die Tänzer jubelnd angefeuert, die mit unzweideutigen Bewegungen von Lenden und Beinen den Schritten der Mädchen folgten."[22]

DER UNTERGANG

C-1 Chile

Die Osterinsel, von Einheimischen Rapa Nui genannt

Für jeden Besucher der südpazifischen Inselwelt stellt sich die Frage nach einer Weltumrundung. Es gibt schließlich Alternativen für Flugstrecken wie Paris – Tahiti – Paris. Eine empfehlenswerte Verbindung für die Rückreise: Mit der LAN Fluggesellschaft (Chile, Peru, Ecuador) von Tahiti über die Osterinsel nach Santiago de Chile. Eine ideale Strecke nach Südamerika, ohne Umweg über die nordamerikanische Westküste.

Der Name Osterinsel (Paasch Eyland) wurde schlicht so gewählt, weil sie am Ostersonntag 1722 vom holländischen Seefahrer Jacob Roggeveen entdeckt wurde. Das Rätsel einer Zivilisation, die nichts als überdimensionale Steinköpfe zurückgelassen hat, ist inzwischen fast entschlüsselt. Heute ist die kleine Vulkaninsel ein abschreckendes Beispiel für eine untergegangene Kultur.

Es hat so friedlich angefangen.[23)] Erfahrene Seefahrer der Marquesas-Inselgruppe entdeckten Rapa Nui ca. 1.200 Jahre vor Roggeveen. Tausend Jahre lang lebten polynesische Erstsiedler dort in Eintracht und Wohlstand. Im 15. Jahrhundert kommt es zu einem heftigen Klimawechsel. Missernten beendeten das friedliche Zusammenleben. Die Statuen, Moai genannt, wurden für das Unheil verantwortlich gemacht. Zerstörung war die Folge, und nun begann nie endendes Unheil. Schon bei der Begegnung von Kulturen auf Paasch Eyland wurden erste Insulaner erschossen.

1782 brachten französische Schiffe erste Schafe an Land. Jahre später kamen amerikanische Walfänger und entführten Insulaner. Bis 1862 wurden auf diese Weise 2.000 Einwohner verschleppt und landeten auf peruanischen Sklavenmärkten. 1868 ernannte sich ein skrupelloser Franzose zum Inselkönig. Schließlich wurde das Gebiet an eine irische Gesellschaft verpachtet, die Rapa Nui in eine einzige Schaffarm verwandelte, Insulaner wurden in einer Dorfzone zusammengesperrt.

Danach kam die Insel langsam zur Ruhe. Thor Heyerdahl landete 1955 mit seiner berühmten Kon-Tiki-Expedition auf Rapa Nui, richtete erste Moai wieder auf und machte mit seinem Buch ‘Aku Aku’ die Osterinsel weltberühmt. Kevin Costners Ethnofilm ‘Rapa Nui’ und die UNESCO, mit der Aufnahme des Nationalparks Rapa Nui in die Weltkulturgut-Liste, tragen nun hoffentlich dazu bei, dass für die nächsten tausend Jahre wieder Frieden und Wohlstand einkehren.

RÄTSELHAFTER UR-KONTINENT

G-1 Gantzhorn, chilenische Araukarie

Patagonien, N>M, Einzige Landmasse im Südlichen Ozean
1. Fläche (chilenisch): 132.033 qkm • 2. Einwohner: 123.000
3. Einwohner pro qkm: 0,9 • 4. Punta Arenas: 53°S 71°W

Kapitel 7:

Südamerikas Südspitze

Das weite Land zwischen dem Biobio-Fluss und Feuerland bietet spektakuläre Natur-Erlebnisse. Ein ideales Umfeld für sportliche Outdoor-Abenteuer, Trekking und Erd-Entdeckungsreisen am Ende der Welt.

Kleine Übersicht

Wenn Sie nach dem Flug von der Osterinsel nach Santiago Lust auf eine vielseitige Sechsmillionen-Stadt haben sollten: Nutzen Sie die Gelegenheit. Denn danach, je südlicher Sie reisen, gibt es immer weniger Menschen auf immer mehr Land. Dann kommt die Welt der Naturwunder. Endlose Weiten, Ur-Bäume, senkrechte Felsnadeln, Riesengletscher, Wale und Pinguine: Patagonien!

Die Pazifikseite von Patagonien gehört zu Chile, die Atlantikseite zu Argentinien. Beide Länder trennen sich gern auf kartografischer Ebene. Das gemeinsame Patagonien erscheint auf Karten mal links weiß, mal rechts weiß. Die Anden trennen ebenfalls, sie bilden eine der schärfsten Klimascheiden der Welt. Die Folge: Regenwälder im Westen, Trockensteppen im Osten.

Bei Concepción am Biobio-Fluss beginnt[24] 'Chiles kleiner Süden'. Eine schneebedeckte Vulkankette markiert die Grenze zu Argentinien. Am Lago Villarica ist der 2.840 m hohe gleichnamige Vulkan ein touristischer Anziehungspunkt. Der Urlaubsort Pucón profitiert davon und gilt als in-Platz für Rafting, Bungee-springen, Hippiemode, Treffen, Tanzen, Ausgehen.

C-1 Chile

Torres del Paine

'Chiles großer Süden' bietet außergewöhnliche Nationalparks und Naturwunder. Darunter die chilenische Araukarie, ein lebendes Fossil aus dem südlichen Urkontinent Gondwana. Obwohl weit südlicher als die 65 m hohen Gattungsgenossen in Neukaledonien, werden diese rätselhaften Bäume in der Kälte immerhin noch 40 m hoch und bis zu 2.000 Jahre alt. Europäische Park- und Garten-Araukarien werden maximal 30 m hoch.

Seit 200 Millionen Jahren existiert die Araucaria araucana auf unserer Erde.[25)] Die innerhalb dieses Buchs dargestellte, erlebbare Zugehörigkeit einer Südsee-Insel und einer Andenregion zum Gondwana ist die längste empfohlene Zeitreise.

Patagonien kennt außerdem berühmte Gletscher, die durch eine gute Infra-Struktur auch ohne Strapazen erreichbar sind. Der südlichste Ort des Kontinents, Ushuaia auf Feuerland, ist argentinisch und das Tor zum Südpol.

Auch auf der atlantischen Seite, in Argentinien, hat Patagonien viele Besonderheiten zu bieten. Zum Beispiel die *Bosques petrificados* (versteinerter Wald), die “Grotte der Hände” (Felszeichnungen) und Punta Tombo – Valdés.

Einer der weltbesten Plätze für Walbeobachtung befindet sich auf der Halbinsel Valdés.

zefa - Impression von Freeman Patterson "Morning Light"

TORRES DEL PAINE AM FRÜHEN MORGEN

G-1 Gantzhorn

Torres del Paine, am Tag

Der chilenische Torres-del-Paine-Nationalpark und Welt-Biosphärenreservat ist ein Granitmassiv, angefüllt mit Gletschern und Seen. Und, kaum zu glauben, mit einer Farbpalette von Aquamarin bis Türkis.

Beim ersten Sonnenlicht wechselt das Paine-Massiv die Farbe und wird rosa oder orange. Für Trekking-Fans stehen vom Zeltplatz bis zum 5-Sterne Hotel alle Arten von Unterkünften zur Verfügung.

C-1 Chile

AQUAMARINES GLETSCHERWUNDER

Gletscher

In der Region gibt es mehrere Riesen-Gletscher. Der Perito Moreno-Gletscher auf argentinischer Seite, ragt 60 Meter über den Lago Argentino hinaus und hat eine vier Kilometer lange Frontseite. Mit tosendem Donnerknall lösen sich Eisberge ab. Per Motorboot lässt sich hier im Nationalpark 'Los Glaciares' das Naturschauspiel bestaunen. Eine ähnliche Qualität hat der Gletscher Pio XI.

> **Zitat Ralf Gantzhorn:** "Ich persönlich habe sogar den Eindruck, dass man sich beeilen muss, möchte man die Eisfelder noch in ihrer vollen Größe bewundern. ... Der mächtigste Gletscher Feuerlands, der Marinelli-Gletscher, existiert praktisch schon gar nicht mehr. Er hat in den letzten 50 Jahren knapp 15 Kilometer seiner ursprünglichen Länge eingebüßt."[26)]

Reisebeispiel Torres del Paine und Gletscherwelt

Chile zum Kennenlernen, 11 Tage: 1. Tag: Frankfurt – Madrid – Santiago de Chile (LAN). 2. Tag: Stadt und Andenpanorama. 3.- 7. Tag: Flüge / Linienbus Temuco – Pucón – Puerto Montt – Punta Arenas – Puerto Natales. 8. + 9. Tag: Torres del Paine, Grey-Gletscher, Perito Moreno. 10. Tag: Rückreise Punta Arenas – Madrid – Frankfurt, wiederum mit LAN. 11. Tag: Ankunft Frankfurt. **Tipp:** Als Schnuppertour mit einem großen Veranstalter gut geeignet. Bei Wiederholung nach Ihren individuellen Wünschen, mit Spezialveranstalter ausarbeiten.

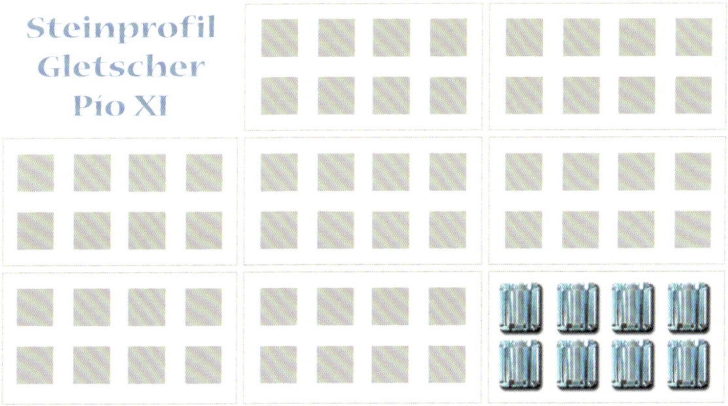

Peninsula Valdés

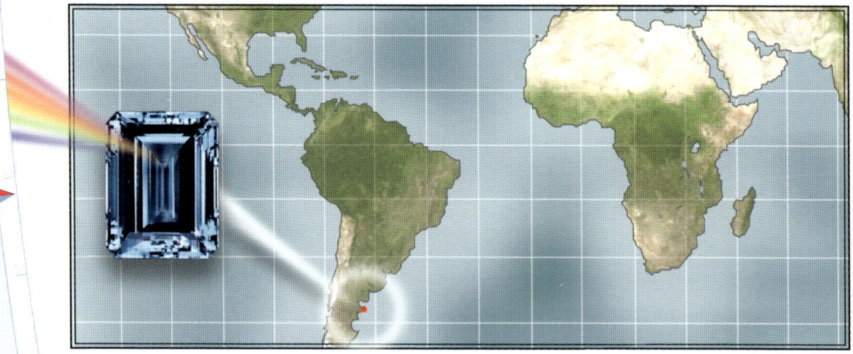

Peninsula Valdés

Magellan

'Fernreise-Freunde' orientieren sich gern an großen Seefahrern der Vergangenheit, wie Fernão de Magelhaes. Der erste Kapitän, der von Europa aus die Seeverbindung zwischen Feuerland und dem Festland entdeckte und so den Pazifik erreichte. Er beobachtete im Jahr 1520 Rauchsäulen aus Feuern der Ureinwohner und gab dem unbekannten Land den Namen 'Tierra del Fuego', Feuerland.

Er und seine Zeitgenossen hatten es mit der Namensgebung einfach. Mehrere Jahrhunderte lang gab es oft überhaupt keine Gebietsnamen. Über den Ursprung des Namens 'Patagonien' bestehen diverse Theorien. Eine davon bezieht sich auf Magellan: "Patas grandes!" – große Füße!,[27] soll Magellan ausgerufen haben, als er Fußspuren von Einheimischen erblickte. Ein Reisebegleiter, der das erste Treffen mit einem Großfußmann dokumentierte, schrieb: "Dieser Mann war so groß, dass ihm der Kopf des Größten von uns, nur bis zum Gürtel reichte ..." Die Phantasie über 3-Meter-Menschen schrumpfte im Laufe der forschenden Nachwelt auf ein Realitätsmaß von 1,80 Meter. Das Märchen von Riesen in Patagonien hielt sich aber über lange Zeit.

Ein völlig anderes Erlebnis als Bergwelt, Gletscher und Araukarien bietet die strohtrockene, flache, kahle, karge Landschaft der Halbinsel Valdés. Der

1804–1817: 182.000 SCHLACHTUNGEN

A-1/3 animal-press / Armin Maywald

Seine Familie hat überlebt: Glücklicher Glattwal bei Valdés

Eingangsort, Puerto Pirámides, besteht aus wenigen Hütten und Baracken. In der Saison ist die Bettenkapazität schnell ausgebucht. Wer dennoch die Wunder vor Ort sehen will, muss in die nahegelegenen Provinzstädtchen Puerto Madryn und Trelew ausweichen. Valdés ist zunächst einmal ein Hotspot für Nachtleben der besonderen Art: Der Sternenhimmel. Durch die reine, ultra-trockene Luft ist die Sicht derart klar, dass der nächtliche Himmel beeindruckend "leuchtet". Millionen Sterne in der Nacht, ein fast schon vergessenes Naturschauspiel (in unseren Wohlstands-Feinstaub-Städten).

Lange Jahre wussten nur Naturliebhaber von der größten Attraktion auf Valdés: Wale (Ballena Franca Austral). Erst als eines Tages Lady Di, von Presse umlagert, auf Stippvisite kam, stieg Puerto Pirámides eine Stufe höher auf der Bekanntheitsleiter empor. Die beste Beobachtungszeit ist, wenn Wal-Kühe zwischen Mai und Dezember ihren Nachwuchs zur Welt bringen. Völlig zahm, bewegen sie sich im stillen Wasser der Bucht. In kleinen Bötchen kann man sekundenlang 'Auge in Auge' mit dem Meeressäuger verharren. Außerhalb der Bucht sind, mit etwas Glück, wild springende Walbullen zu sehen.

Auch das Strandleben ist Sonderklasse. An Land Kolonien von Magellan-Pinguinen, Seelöwen und See-Elefanten, im Wasser auf Beute lauernde Orcas. Und eine reiche Vogelwelt.

WALKUH MIT NACHWUCHS

A-1/4 animal-press / Armin Maywald

Härtetest für Naturfotografen: Wal-Baby unter Wasser

W-1 wim

Walforschung

Auf Grund des großen Interesses hat Cocos International Walbeobachtungsreisen einige Jahre nach Norwegen und Argentinien durchgeführt. Die Skandinavien-Projektreisen wurden von Prince – Nature Support auf der Walforschungsstation in Andenes (Norwegen) gefördert. So mussten junge Teams z. B. Schwanzflossen von Orcas und Pottwalen zur Identifizierung fotografieren und registrieren.

Das größte Problem war der stürmische Nordatlantik. An den meisten Tagen konnten Schiffe wegen zu hohem Wellengang überhaupt nicht ausfahren. Wenn dann das Wetter einigermaßen zur Ruhe kam, war es immer noch für die halbe Team-Mannschaft so heftig, dass sie sich leichenblass verkriechen musste. An ruhigen Tagen dauerte die Fahrt oft Stunden, bis erste Wale gesichtet werden konnten.

Als wir danach Reisen nach Valdés machten, war es richtig erholsam, in aller Ruhe einen Wal aus der Nähe beobachten zu können. Übrigens hatte das Thema 'Wale' bei Preisausschreiben immer eine magische Anziehungskraft. Antwortkarten wurden körbeweise angeliefert.

A-1/5 animal-press / Armin Maywald

BEI PUNTA TOMBO 250.000 PÄRCHEN

Reisebeispiel:

Einfach einen Flug nach Buenos Aires buchen. Weiterflug nach Trelew. Auf eigene Faust die kleine Welt von Valdés erleben. **Tipp:** Mit Gleichgesinnten reisen. Möglichst fachkundige Biologen dabei. Beste Reisezeit ermitteln, frühzeitig buchen.

Von Buenos Aires sind es nur wenige Flugstunden nach Brasilien. Was ist das nächste Ziel der Reise? In der Sprache der alten Seefahrer: Nach der Entdeckung der Oster-Insel am Ostersonntag und das Land-der-Menschen-mit-den-großen-Füßen heißt es: “Am 1. Januar 1502 segelte die Karavelle in die vermeintliche[28] Mündung eines Flusses hinein.” Sie ahnen es schon. Der Fluss wurde Januar-Fluss genannt: Rio de Janeiro.

W-1 Wim, versteinertes Saurier-Ei, Museum Trelew

H-3 / T-2 Taeschner

"RIO DE GENEIRO"

Kapitel 8:

Brasilianische LebensArt

Brasil ist ein Kontinent für sich. 8,5 Mio. qkm, ein multikultureller Vielvölkerstaat. Millionenstädte, Indianer-Reservate, Naturwunder, Supermodels und Fußballkönige. Die fröhlichste Art, die unvorstellbare Vielfalt zu verstehen, ist die LebensArt. Und wie? Ganz einfach. Forró-Musik-CD und Reiseführer kaufen, hinfliegen und genießen!

Willkommen am Januarfluss

In der frühkolonialen Zeit haben Seefahrer über seltsame Küstenbewohner berichtet. Und da meistens keine professionellen Illustratoren an Bord waren, ergaben mitgebrachte Skizzen in Europa mehr Fragen als Antworten.

An der Küste des heutigen Rio lebten Tupi-Indios des Tamoya-Stammes. Solche Stämme (tribos, tribes) bevölkerten, mit lokalen Unterschieden, die gesamte 8.000 km lange Küste Brasiliens. Die Kolonialherren fanden kein menschenleeres Land vor. Die gesamte indigene Bevölkerung im Jahre 1500 wird auf 3-4 Millionen geschätzt. Heute sind von den 180 Millionen Brasilianern nur noch 300-400.000 Indios übrig geblieben und leben überwiegend im Landesinnern.[29]

P-3 Pfaff, W-2 Wagener

Von den ursprünglich 21 Küstenvölkern, überwiegend Tupi und tupisierten Stämmen, ist so gut wie nichts übriggeblieben. Insgesamt haben in Brasilien seit der Entdeckung durch Europäer 700 Stämme nicht überlebt. Um die Lebensweise dieser Menschen einigermaßen verstehen zu kön-

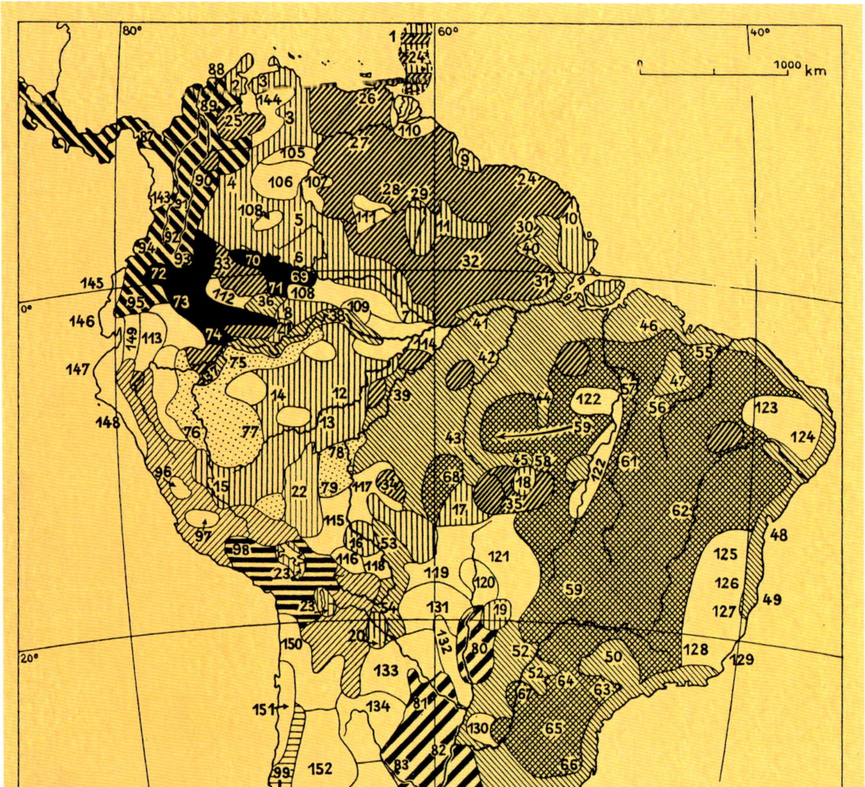

VIELFALT DER INDIO-BEVÖLKERUNG

nen, gibt es für Nicht-Ethnologen vor allem drei Informationsquellen.[30] Erstens: Museen und Ausstellungskataloge, historische Bücher und Atlanten. Zweitens: Begegnungen vor Ort. Und schließlich die gegenwärtige Literatur und das Internet.

Die wenigen Portugiesen, die sich als erste Kolonisatoren angesiedelt hatten, mussten um Handel zu treiben, die Tupi-Sprache wenigstens einigermaßen beherrschen. Vielleicht ist das der Grund dafür, dass viele Namen der ausgestorbenen Sprache bis heute überlebt haben. So nannten Indios das Haus der fremden weißen Männer 'Carioca'. Genau so werden noch heute Einwohner von Rio genannt: Cariocas.

Fachleute wissen ziemlich genau, wie die Küsten-Einwohner ausgesehen haben und rekonstruierten ihre Lebensweise. Auf alten Seekarten wurde eingezeichnet, wie sich Indianer in Booten, mit Pfeil und Bogen, den weißen Seefahrern genähert haben.

Zacharias Wagener (1614-1668)[31]

"Die Frauen sind klein und kräftig gebaut. Sie haben eine muskulöse Gestalt und laufen kerzengerade. Ihre Haare, lang und dunkel, tragen sie meistens geflochten über einem nackten Rücken. Wenn sie zwölf, dreizehn oder vierzehn Jahre alt sind, dürfen sie heiraten. Sie bekommen viele Kinder und werden alt. Sie sind ihrem Mann sehr treu und wenn er in den Krieg zieht, begleiten sie ihn. Dann tragen sie, wie Maultiere, ihre Kinder, Hunde und auch noch Körbe und Säcke."[31]

Die auf Seite 106 abgebildete Tupinambá-Frau trägt einen Korb aus Pflanzenfasern auf ihrem Kopf, oben links ist darin eine geflochtene Hängematte sichtbar. Der Bananenbaum ist nicht heimisch, sondern wurde von Portugiesen importiert. Der Wickelrock stammt ebenfalls nicht aus ihrem Kulturkreis. Vielleicht hat die unbekannte Frau das Tuch vom holländischen Maler als Honorar fürs Modellstehen erhalten?

"Die Tapuyas tanzen ganz nackt im Kreis, wobei sie angsteinflößende Schreie ausstoßen. Sie bewegen sich unaufhörlich zwei bis drei Stunden lang, ordentlich hintereinander laufend."[31]

Zu welchem Rhythmus sich die Indianer bewegten, lässt sich mehr als erahnen. Neuzeitliche Tondokumente von indigenen Völkern, wie 'Voices from forgotten

BRASILIANISCHE UR-EINWOHNERIN

E-1 Eckhout, M-2 Mauritshuis, N-4 Nationalmuseet

Worlds'[32] geben deutliche Hinweise auf solche Gemeinschaftstänze. Klatschen der Hände, mit nackten Füßen auf die Erde stampfen, Schreilaute. Auch über Kontinente hinweg, wie z. B. in Neuguinea (Seite 68), kann eine Erlebnis-Rekonstruktion stattfinden. Außerdem stehen authentische Schwarzweiß-Filmaufnahmen von ca. 1950 über solche 'Events' zur Verfügung.

Das Bild (Seite 106) einer unbekannten Tupinambá-Frau an der Küste von Pernambuco wurde im 17. Jahrhundert gemalt. Das Besondere daran: Entdecker haben schon seit dem 15. Jahrhundert die südamerikanischen Küsten erkundet, aber professionelle Bilder der dort lebenden Ur-Einwohner haben Seltenheitswert. Der Maler Albert Eckhout, im Gefolge von Johann Moritz Fürst von Nassau-Siegen, hat solche Zeitdokumente erstellt. Seine riesigen Bilder befinden sich im Statensmuseum in Kopenhagen.

Bei einem Kunst-Event in Rio de Janeiro wurden Tupi-Stämme, die bis zum 18. Jahrhundert an der brasilianischen Küste lebten, geehrt. Symbolisch erschien, hoch über Ipanema, das Bildnis von Uoti. Diese Frau erhielt ihren Namen, um an einen geschichtlichen Vorgang zu erinnern. Der holländische Maler Albert Eckhout arbeitete im 17. Jahrhundert in der W. I. C Kolonie 'Brasiliae Belgicae'. Beispielhaft porträtierte er eine Tupinambá-Indianerin mit Kind. Es ist nicht bekannt, wie Eckhout und seine Reisegenossen die Frau nannten. Teilweise waren es Deutsche, vielleicht nannten sie die Frau 'Unbekannte Tupi-Indianerin' (UTI). Teilweise waren sie Holländer, wie Eckhout, und nannten sie 'Onbekende Tupi Indiaanse' (OTI). Aus der Kombination wurde vielleicht Uoti. Inzwischen ist sie berühmt! Denn als Ethno-Gemälde war sie auf Ausstellungstour in Recife, Rio de Janeiro und Den Haag. Das Bild befindet sich in Kopenhagen. Ihre große, üppig finanzierte Promotionreise fand im Jahr 2004 statt und hatte eine große Medien-Resonanz. Außer einem Wickelrock hat sie wohl nie ein Honorar erhalten. Für immer ist sie nun, aus Künstlersicht, die Symbolfigur der Tupi-Stämme. Auch auf Isla Primeira wird Uotis positive Ausstrahlung wirken.[31]

Eine Rarität ist die inhaltliche Kontrollmöglichkeit der Eckhout-Bilder. Dichtung und Wahrheit liegen nämlich eng zusammen. Ein mitgereister Dresdner, Zacharias Wagener, "wird zum Küchenschreiber befördert und beginnt mit der Arbeit an seinem Tierbuch. Er fertigt Aquarelle von brasilianischen Tieren, Pflanzen, Menschen und Szenen an." Er hat wohl öfter neben Eckhout gestanden, als der seine berühmten Bilder malte. Als der Hofmaler beim Bild eines schwarzen Sklaven die Brandmarke höflicherweise übersehen hat, war

128.
Ein West=Indianischer Rabe,
Brasilianisch

Zacharias wahrheitsgetreuer. Er zeichnete in seinem Bild die eingebrannte 'Eigentumsmarke' genau ein.

Noch Ende der 90er Jahre haben afro-brasilianische Aktionskünstler in Bahia mit einem glühenden Eisen Kuhfelle auf Statisten gebrandmarkt. Die geschockten Zuschauer erlebten durch den schrecklichen Geruch das Entsetzen der betroffenen Sklaven.

Die brasilianische Post (Brasil Correio) hat dem Maler Albert Eckhout eine Briefmarke gewidmet. Soweit bekannt, ist das bei Wagener und 'Maurício de Nassau' nicht geschehen. Ein Gegenspieler von 'Maurício', der Indianerhäuptling Antonio Filipe 'Camarão', von den Indianern Poti genannt, wurde auf der Gedenkmarke "1654 – 1954 Restauração Pernambucana" gewürdigt. Weiter ist es interessant, dass mehrere Länder die Eckhout-Bilder bzw. die Kolonialperiode von Johann Moritz von Nassau-Siegen als nationales Kulturerbe betrachten: Brasilien, die Niederlande, Deutschland und Dänemark.

Nach dem 17. Jahrhundert haben viele weitere Künstler aus Europa ihre Brasilien-Erlebnisse verewigt. Ethnologisch sind die Werke des Augsburger Malers Johann Moritz Rugendas von großer Bedeutung. Die Skizzensammlung befindet sich in der Staatlichen Graphischen Sammlung in München.

P-3 Pfaff, W-2 Wagener

X-1 Xavantes

TERRA INDIGINA

X-1 Xavantes

Versprengte Reste der Ur-Einwohner besinnen sich auf ihre Tradition zurück. Die Xavantis im Mato Grosso legen großen Wert auf Zusammengehörigkeit und fühlen sich auch als Hüter der eigenen Sprache.

Die Xavantes

Unter den wenigen Indios, (vgl. Neuguinea S. 67 und Germanen S. 176) die im brasilianischen Inland überleben konnten,[29)] gibt es durchaus noch Aktivisten, die ihre Traditionen in Ehre halten. Dazu gehören die Xavantes, die ihre Kinder, neben Portugiesisch, mit der alten Stammessprache vertraut machen. Gemeinsame Veranstaltungen werden ebenfalls so authentisch wie möglich durchgeführt. Mit Folklore hat das nichts zu tun. Es geht um die Zusammengehörigkeit eines Stammes in einer Umwelt, die noch nicht frei von Spannungen ist. Hin und wieder wird über Auseinandersetzungen mit Rinderzüchtern berichtet.

Rio de Janeiro

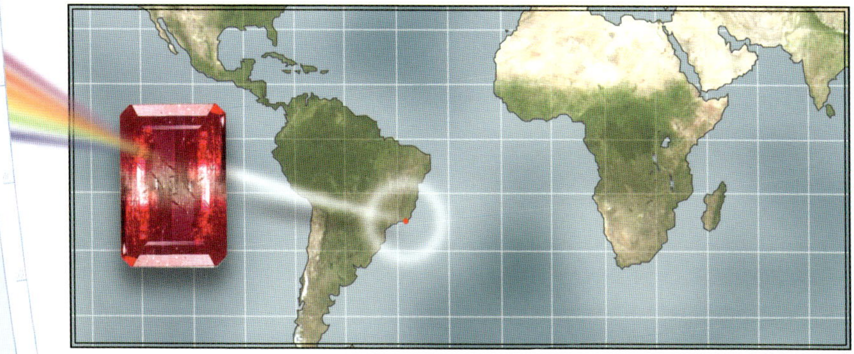

Brasilianische LebensArt, heute in Rio de Janeiro

Beim ersten Besuch in der Cidade Maravilhosa stehen die bekannten Wahrzeichen und Besonderheiten auf dem Programm. Christusstatue, Zuckerhut, Maracanã-Stadion, Strände von Copacabana und Ipanema, Sambashow, und Churrascaria sind ein "Muss".

Dennoch sollten Sie sich genug Zeit für die einzigartige Lebensart der fröhlich-witzigen Cariocas reservieren. Während die Avenida Atlântica im Stadtteil Copacabana eher touristisch ist, haben die benachbarten Stadtteile Ipanema und Leblon mehr den lokalen Stil. Hier befinden sich chique und pfiffige Bistros, vorzügliche Restaurants, Galerien, Boutiquen und kleine Clubs. In allen Richtungen von der Kreuzung der Straßen Garcia d'Avila (Juwelen-Viertel) / Visconde de Pirajá[33)] ausgehend ist Luxus und Design angesagt.

Die brasilianische Lebensart beruht auf einer homogenen Basis von 180 Millionen Menschen und hat international gute Zukunftsaussichten: Während 'The American Way of Life' schwächelt und das europäische Gegenstück erstklassig, aber inhomogen und kühler ist, bietet dieser tropische Alltag ein großes, alternatives Lebensgefühl. Ipanema-Leblon zeigt dieses auf kleinstem Raum. Die schöne Millionenstadt Rio, ein großes Kulturangebot, herrliche Natur, beliebte öffentliche Strände, trendy life. Und dieses alles spielt sich in einem Land mit einer großartigen Musikkultur ab.

Dieses Profil bezieht sich auf das Stadtgebiet von Rio (Cidade).
Das Profil des Bundesstaats von Rio (Estado) ist umfangreicher.

R-3 Rio

BRASILIANISCHE LEBENSART

R-3 Rio Theatro Municipal

Quelle 34 / T-3 Tópicos

vgl. Tibet S. 40. Q-34,Jan op gen Oorth über: Oscar Niemeyer[34) - Architekt der Moderne: "Niemeyers Bauten fügen sich in die Umgebung ein, scheinen ihren Platz wie selbstverständlich gefunden zu haben.", "... großzügige, in die Natur gegossene, ... poetische Häuser."

K-1 © Kiedrowski

DAS ANDERE RIO BEI NACHT IST HELLER

W-1 wim

W-1 wim

RIO AM TAG AUS BESUCHER-PERSPEKTIVE

DAS GRÖßTE FEST DER WELT

K-1 © Kiedrowski, bei Nacht

Eine Umfrage hat ergeben, dass es viele Afro-Brasilianer vorziehen, als 'Morenos' zu gelten. Also zeigt dieses Bild eine Morena. Karneval in Rio ist ein weltklasse Musik-Tanz-Kultur-Event. Nicht zuletzt deshalb wurde Rio mit sieben gelben Steinen gewürdigt. Kultur ist also nicht nur wie Nofretete positioniert, sondern verkörpert auch als pralles Leben eine der vielen Seelen Brasiliens. Stellen Sie sich dazu noch die Wucht einer 300 Mann starken 'bateria', die trommelnde Rhythmustruppe, vor, und der Eindruck ist komplett. Um in Form zu bleiben, braucht die Tänzerin in wenigen Stunden etliche Großflaschen Mineralwasser.

OFT KOPIERT, NIE ERREICHT

K-1 © Kiedrowski, bei Nacht

Brasilien, seine Lebensart hat viele Gesichter ...
1. Fläche: 8,5 Mio. • 2. Einwohner: 175 Mio. (2002)
3. Einw. pro qkm: 20 • 4. Rio de Janeiro: 23°S 43°W
(Vgl. Tahiti Seite 83)

W-1 wim

Naive Kunst aus Brasilien

Obwohl das Land berühmte Künstler hat, stellt Reisen-macht-Reich eine einfache Kunstform in den Mittelpunkt. Meist sind es Leute ohne Vorkenntnisse, die anfangen 'für die Straße' zu arbeiten und dort auszustellen. Das Beispiel Feira Hippi in Ipanema zeigt, dass sogar reiche Industrienationen davon lernen können. Seit über 30 Jahren ist dieser Sonntagsmarkt ein Sprungbrett für KünstlerInnen. Der öffentliche Raum wird zur Verfügung gestellt, und für den Verkauf werden keine elitären Galerien benötigt. Hier wurden und werden erfolgreiche Existenzen aufgebaut. Aus Arbeitslosen werden international gefragte MalerInnen.

Tipp: Nachtschwärmer sollten eine fröhliche Partystimmung in Südamerika richtig einschätzen. Die Gäste sind feuriger als in Aachen, Bern oder Salzburg.

Wer das Pech hat, zu später Stunde in der Nähe einer Eifersuchtsszene zu stehen, sollte schleunigst einen anderen Platz suchen. Denn dann fliegen Fäuste, Flaschen, Fetzen.

Reisen ohne Lifestyle-Hülle

Ein anderer Lifestyle macht erst richtig Spaß, wenn das eigene Umfeld zu Hause gelassen wird. Besonders einfach ist das für Luxus-Reisende. Wer den 5-Sterne-Standard von Sofitel, Sheraton, Meridien, Ritz-Carlton & Kempinski gewohnt ist, könnte mal typisch einheimische Häuser wählen. Weitere Tipps:

Auf Luxus-Outfit verzichten. Eine fremde Stadt zu Fuß entdecken. Einige Redensarten auf Portugiesisch parat haben, das öffnet Türen und Herzen. Das 'Schlimmste' was Sie machen können, ist im Luxus-Kreuzfahrtschiff in der Karnevalszeit dabei zu sein. Sie sind dann nämlich gar nicht dabei, denn Sie leben in einer riesigen Lifestyle-Oase.

So werden Sie nie die lockere Lebensfreude der Bevölkerung kennen lernen. Auch wenn Sie aus Europa kommen und kulturell gebildet sind, mit der importierten Lifestyle-Schutzhülle bleiben Sie ein waschechter Gringo. Auch auf Gruppenreisen schotten sich Fernreisende unbewusst von der Ferne ab.

Nämlich dann, wenn Reiseteilnehmer mehr über Zuhause als über Brasilien reden. Mit Menschen aus der Heimat zu reisen bedeutet in erster Linie, im eigenen 'Sprachraum' zu bleiben. Das ist zwar bequem, aber die Aufnahme in einen unbekannten Sprachraum wird damit oft genug verhindert.

W-1 wim

BRASILIEN PACKT DAS FAVELA-PROBLEM AN

W-1 wim

Wer reich werden will, muss Armut kennen

Von 6,6 Milliarden Erdenbürgern leben eine Milliarde Menschen in Armut. Ich bin mal so leichtsinnig gewesen, mich in einem karibischen Slum in der Nacht einschließen zu lassen. Erklärung: Heftige Slums sind manchmal Armutsinseln mit eigenen Gesetzen. Sie kapseln sich sogar von Polizei und Militär ab. Tagsüber bestehen normale Verbindungen mit der Außenwelt und nachts werden die Pforten geschlossen. Eine Begegnung mit Armut kann man auch auf andere Weise, gefahrlos, machen.

Es ist zurzeit bequem möglich, als Tourist eine Favela zu besuchen. In Rio z. B. werden begleitete Touren in kleinen Gruppen angeboten. Diese werden in Kooperation mit den Communities durchgeführt und Gewinne kommen einem Entwicklungsprojekt zugute. Die Touren sind lehrreich und gefahrlos. Eine gute Gelegenheit, sich mit Armut vertraut zu machen.

Brasilien ist im Umgang mit Favelas sehr fortschrittlich. Große Firmen sponsern Projekte, der Staat beginnt schrittweise mit der Verbesserung der Infrastruktur. Zusammen mit der Stadt Rio de Janeiro entwickelt Bauhaus-Dessau die Umgestaltung einer Favela in eine Mustersiedlung.

T-3 Topicos

Rio's Jacarezinho: 360.000 qm, 60.000 arme Einwohner. Die Favela ein Ghetto? Nein, die Favela wird chick! Architekten der Stiftung Bauhaus-Dessau entwickeln die ideale Favela.[35]

W-1 wim

R-3 Rio, berühmtes Straßenpflaster von Burle Marx

GUTE LAUNE AN DER COPACABANA

W-1 wim

W-1 wim

Wenn Sie das echte Brasilien kennen gelernt haben, dann nehmen Sie etwas Wertvolles mit nach Hause: "Saudade". Eine stille Sehnsucht, die stets wiederkommt. Wenn Sie an Brasil zurückdenken oder Musik hören: Forró aus Nordeste do Brasil, Samba oder Nova Bossa Nova. Mit Saudade im Herzen hat sich die Reise gelohnt.

Die schönste Anreise nach Brasilien

Lust auf Brasilien? Buchen Sie eine Rundreise, Studienreise, Naturreise, Badereise oder ... kaufen Sie sich schlichtweg ein Ticket. Tipp? TAP! Weil Tap Air Portugal besondere Flugrouten ohne Aufpreis bietet. Anreise Frankfurt - Lissabon, schnuppern Sie schon in Europa etwas portugiesisch-brasilianische Atmosphäre. Dann: Die kürzeste Verbindung über den Atlantik nach Brasilien. Nur 7 ½ Stunden von Lissabon nach Recife, statt 11 Stunden von Frankfurt nach Rio. Im tropischen 'Nordeste do Brasil' auf eigene Faust mit abenteuerlichen Busverbindungen nach Rio de Janeiro. So lernt man Land & Leute richtig kennen! Rückflug Rio – Lissabon – Frankfurt.

K-1 © Kiedrowski, Bahia

DIE FÜNFTE WELT

H-2 Hörmandinger

Im äquatorialen Südatlantik entstand ein virtuelles Kommunikations-Forum. Innerhalb der república atlântica sind Estado Primeiro und 'die phantastischen Inseln' angesiedelt.[36)]

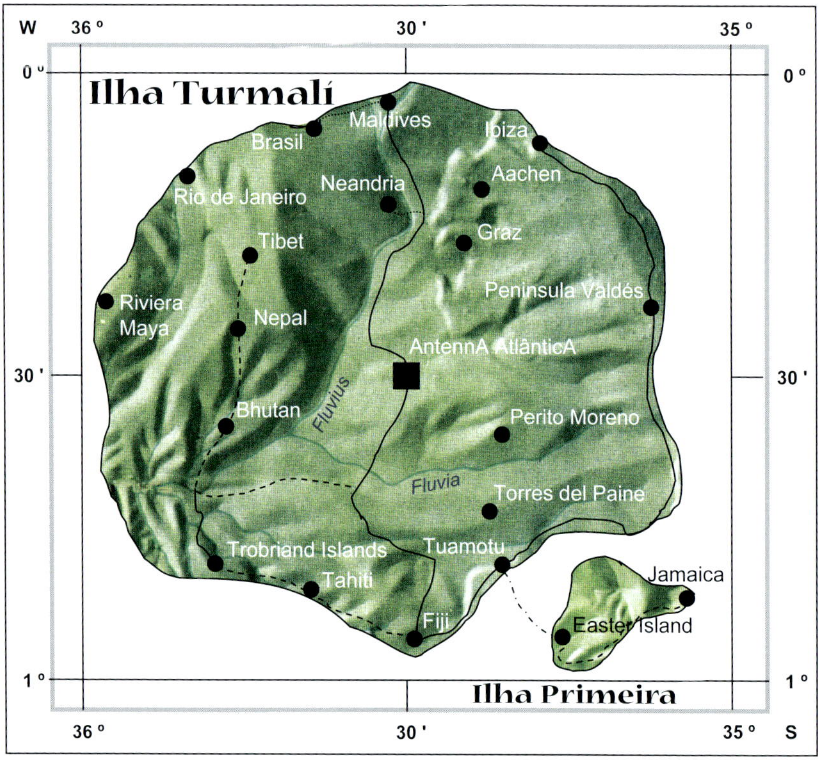

F-4 Figgener-Erber

M = 1:1.000.000

0 10 20 30 40 50 60 70 80 90 100 km

Versammlungspunkt für Weltklasse-Qualität

Die wichtigsten Destinationen und Weltklasse-Erlebnisse aus diesem Buch wurden hier an zentraler Stelle zusammengefasst. Auf der virtuellen Ausstellung gibt es direkte Links und Aktualisierungen. Um Weltklasse zeigen zu können, haben Länder und Spezialisten auch ohne Etatmittel eine Chance, aufgenommen zu werden: Glattwale, Pinguine, Araukarien, tibetische Bauern, Papuas und Gletscher sind schon da. (Siehe Internet S. 201)

Q: vgl. das jeweilige Einzelbild im Buch

WILLKOMMEN AUF ILHA TURMALÍ

K-1 Kiedrowski

JAMAICA GOUVERNEUR 1674: PIRAT HENRY MORGAN

K-1 © Kiedrowski

Kapitel 9:

Lifecycles in der Karibik

T > M&N. Tourismus verändert Destinationen. Auch die Karibik, als Ganzjahresziel für Millionen von Besuchern aus Seupeunia, hat sich daran angepasst. Wer auf der Suche nach Weltklasse ist, muss in solchen Regionen spezielle Enklaven suchen.

Lifecycle

Die englische Bezeichnung hört sich an wie 'lifestyle', gekreuzt mit einem Fahrrad, bicycle. Die deutsche Bezeichnung 'Lebenszyklen' ist passiv und wird hingenommen. Lifecycles dagegen werden gesteuert. Da ist Bewegung drin. Lebenszyklen bei Menschen sind langsame Veränderungen, die zurzeit eine Spanne von etwa 75 Jahren, im Jahrzehntetakt, umfassen. Lifecycles in einem Tourismus-Masterplan können kurz und bündig sein. Manche Destination bringt es nur auf 20 Jahre.

Anfang der 70er Jahre war Acapulco ein glanzvoller Name. Mexikanische Tourismus-Masterplaner erkannten schon frühzeitig den Lifecycle-Niedergang. Sie 'öffneten' eine jungfräuliche Region bei Cancún in Yucatán. Zu den ersten Siedlern gehörten ein ClubMed und ein stilvolles Camino Real. Anfang der 80er Jahre war Cancún ein gutes Nachfolgemodell für Acapulco. Schon im Jahr 2000

L-1 Holger Leue, Jamaica

P-5 Neckar Island

MILLIONÄRSINSEL ZU VERMIETEN

war die Destination mit einem riesigen Hotelangebot 'amerikanisiert'. Inzwischen ist die Krönung vollendet: Mit den 'spring breaks'. US-amerikanische Studenten genießen in Horden ihre Freiheit, um zu feiern, trinken, flirten-anmachen-aufreißen und zu lieben, was das Zeug hält. So hatten es sich die Tourismus-Masterplaner wahrscheinlich nicht vorgestellt.

Kulturell gesehen, ist ein solcher Lifestyle-Import recht krass vom mexikanischen Lebensstil entfernt. Aber die Planer haben vorgesorgt, und in unmittelbarer Nähe ist an der Riviera Maya eine liebevoll gestaltete neue Destination entstanden. Es handelt sich hier nicht um irgendeine Form von Kritik, es ist eine sachliche Beobachtung.

P-5 Neckar Island

Casa de Campo

Anfang der 80er Jahre besuchte ich die Dominikanische Republik. Mit einer Arbeitslosenquote von 70 Prozent war die Armut spürbar. Mittendrin stand ein feines Golfresort 'Casa de Campo'. Und das war's dann auch. Die Eigentümer hatten nur deshalb zum Spaten greifen lassen, weil sie keine Gewinne aus der Zuckerwirtschaft transferieren konnten. Dann lieber ein hübsches Hotel. Siebzig km weiter an der Küste entlang gab es bei Romana / La Laguna einen der schönsten, unberührten Strände der Karibik. Das Grundstück gehörte einem amerikanischen Millionär, der nur eine kleine Hütten-Anlage erlaubt hat. Nachts, in einer solchen Strandhütte konnte man das Meer rauschen und die Insekten krabbeln hören.

Wie es heute auf der 'Dom-Rep' aussieht, ist allgemein bekannt. Die Metamorphose brauchte lediglich zwanzig Jahre. Solche Beispiele gibt es zuhauf.

Jamaica

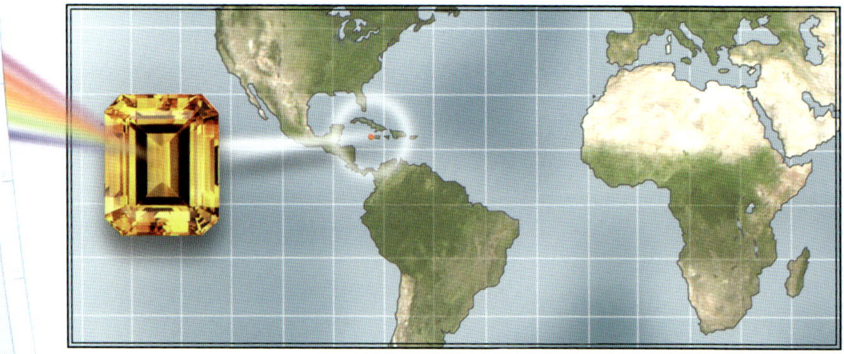

Je mehr Hotels in der Karibik gebaut werden, umso wichtiger wird der unverbaubare Blick. Nur das Meer hat einen “clean horizon”, und Menschen aus der industrialisierten Welt sehnen sich nach Weite und Natur. Die Folge: An die Strände. Hinaus aufs offene Meer! Da hat die Karibik endlos viel zu bieten.

Steinprofil Jamaica

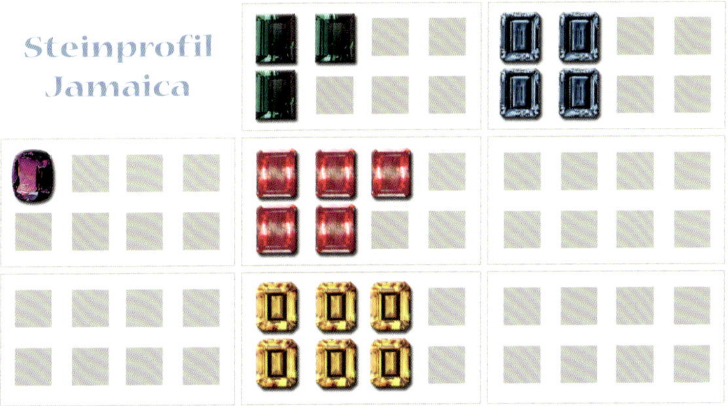

IAN FLEMING

I-1 Island Outpost, The Caves

Der berufliche Geheimdienstler, Autor und Schöpfer von James Bond schrieb seine Bücher außerhalb von Seupeunia. Er kaufte sich 1946 eine Strandvilla auf Jamaica und nannte sie Goldeneye (vgl. S. 139). In stiller Abgeschiedenheit, inmitten einer prächtigen Natur, entstanden hier seine unverwechselbaren Abenteuergeschichten. Das Haus ist heute das Glanzstück der jamaicanischen Hotelgruppe Island Outpost. Für Gäste stehen fünf Villen zur Verfügung.

Karibik für Kenner & Geniesser

In der riesigen Region von Karibik und Mittelamerika, sind, neben Auswüchsen, genug Plätze zu finden wo es mehr Einheimische als Touristen gibt. Es ist verständlich, dass Chancen, die der Tourismus für Wachstum und Beschäftigung bietet, genutzt werden müssen. Die Chancen kommen gratis ins Land. Eine permanente Paradies-Nachfrage aus Canada, den USA und Europa hält den Bauprozess am Leben.

Design

Die Hotels von Island Outpost, setzen 'made in Jamaica', konsequent um. Modernes internationales tropisches Design, hippe Ornamentik, Verandatüren in karibischen Farben. Traumhaft anders. Es gibt vier solcher Häuser und nur wenige Zimmer. Auf der Insel: Goldeneye, Jake's, Strawberry Hill und The Caves. Alle echte Hingucker.

L-1 Holger Leue

KLEINE, FEINE HOTELS, MADE IN JAMAICA

I-1 Island Outpost

Jamaica, T> M&N. Coole, kreative Karibikinsel mit Flair.
1. Fläche: 11.000 qkm • 2. Einwohner: 2,6 Mio.
3. Einw. pro qkm: 238 • 4: Kingston 18°N 76°W

I-1 Island Outpost

Und was hat Goldeneye zu bieten? Eine kleine Auswahl:

Alle Villen sind exotisch balinesisch für höchste Komfortansprüche eingerichtet und bieten “alles was das Herz begehrt”. Besonderheiten: DVD- und CD-Sammlung, handgemachte jamaicanische Badeseifen, Jetski, Flutlicht-Tennisplatz, Glasbodenboot, Kajak, Windsurfing, Schnorcheln, Segeln, Tauchen, Tiefseefischen, ruhig gelegene Privatstrände, authentische Land- und Seeausflüge. Wie selbstverständlich gibt es traditionelle jamaicanische Küche, die ausschließlich frische, saisonale Früchte und Gemüse verwendet. Fisch und Hummer direkt vom Fischer.

I-1 Island Outpost

GEHEIMTIPP DER PROMIS

I-1 Island Outpost

Musikmogul Chris Blackwell wurde in London geboren und wuchs in Jamaica auf. Mit seinem legendären Plattenlabel Island Records nahm er u. a. Bob Marley und Grace Jones unter Vertrag. An das Hotelgeschäft ging Blackwell mit derselben Philosophie heran, mit der er seine Musiker individuell betreut hatte. Keines seiner Hotels gleicht dem anderen. Jedes Hotel hat seinen eigenen individuellen Charakter. Eines haben sie gemeinsam: Eine gewisse Ästhetik, die eine bestimmte Gruppe von Menschen anspricht.

Kingston
18°N 76°W

COOL AND FRIENDLY, ALL THE TIME …

J-1 Jamaica

L-1 Holger Leue

ZEIT ZU ZWEIT

S-3 Sandals & Beaches

Innovation

ClubMed war der erste Reisekonzern, der sehr früh den 'Hedonismus' vermarktet hat. Diese Lehre, dass 'die Lust das höchste Ziel des Lebens sei' wurde von der Theorie in die Praxis gehievt. Vor allem junge Paare, die Liebe und Sex suchten, fühlten sich davon angesprochen. Während ClubMed das Angebot mit Sport-, Animations-, Gourmet- & Hobbyangeboten entschärfte, kamen spätere Anbieter mit Innovationen. Sandals zum Beispiel brachte es auf den sanften Punkt "Zeit zu Zweit".

Für Paare ab 18:

"Wenn Sie sich Zeit und Raum für traute Zweisamkeit wünschen und einen Schlupfwinkel suchen, an dem Sie sich in luxuriösem Ambiente verwöhnen lassen können ... dann ist Sandals die Erfüllung Ihrer Träume." Auf Jamaica begann Sandals mit diesem Konzept. Es wurde ein Erfolg. Heute gibt es auf der Insel sechs Anlagen, einige davon mit ultimativem Luxus. Stilvolles Ambiente für Paare ab 18.

S-3 Sandals & Beaches

SONNEN, SEGELN UND GENIESSEN

L-1 Holger Leue

Hedonismus

Nachdem die Marktnische der trauten Zweisamkeit erfolgreich besetzt wurde, entstand auf Jamaica mit den Hedonism Resorts ein weiteres Hotelkonzept von SuperClubs, um das Lustgefühl von Singles und Partyfans anzusprechen. Schon seit über 25 Jahren ist ‚Hedonism II' und Hedonism III ein beliebtes Ziel für Partyreisende. (Hedonism III liegt am Runaway Bay). Kein Wunder, denn die Basisgefühle ‚Liebe, Body & Sex' sowie ‚Feiern, Tanzen, Party' gehören zu den stärksten Gefühlen überhaupt. Dahinter stecken die Hormone Testosteron, Dopamin, Noradrenalin, Serotonin, Oxytocin und Vasopressin[39], (vgl. Gefühlsübersicht Seiten 173 und 175).

Auf Jamaica bietet Hedonism II am legendären Negril Beach und Hedonism III in der bekannten Runaway Bay diesen Spirit. Und seien Sie versichert: "there's never a dull moment at Hedonism II" "Im Hedo kommt niemals Langeweile auf."[37)]

S-1 Superclubs

PARTY, WELLNESS, LUXUS

S-1 Superclubs

Neben herrlichen Stränden, zum Beispiel am unvergleichbaren Strand von Negril, bieten die Partyhotels jede erdenkliche Sportart und Entertainmentform, die zu einer karibischen Insel passt. Zum Beispiel Segeln, Wasserski, Windsurfing, Sporttauchen, Beachvolley, Reggae-Tanzunterricht und Beachpartys.

Weitere innovative Hotels von SuperClubs sind die ebenfalls sehr sportlichen Breezes Hotels und die luxuriösen Grand Lido Häuser.

Der Sänger A. J. Brown

Im Laufe der Zeit gibt es für mich im Ausland völlig unterschiedliche Aufgaben, die gelöst werden müssen. Jede Aktion führt dazu, dass man Land und Leute besser kennen lernt als während einer noch so guten Studien- oder Urlaubsreise. Erlebnisse werden dadurch entscheidend vertieft. Deshalb der Tipp: Packen Sie während einer Reise irgendetwas an. Ein kleines Eigenprojekt, eine gute Tat oder eine spannende Fotoreportage. Als ich eines Tages nach Jamaica kam, hatte ich von der lokalen Musik keine Ahnung. In Zusammenarbeit mit einem Reiseveranstalter hatte ich ein Entertainment-Programm für eine Gruppe Elektronikfachhändler auf-

S-1 Superclubs

J-1

J-1

W-1 wim

gestellt. Sie waren Kunden einer TV-Marke, für die ich eine relaunch-Kampagne entwickelt hatte. Diese beinhaltete eine Karibikreise.

In Europa hatte ich dazu eine englische Anzeige ‚Talent-Contest' hergestellt. Mit den Druckvorlagen unter dem Arm kam ich bei "The Gleaner" an, Jamaicas größter Zeitung. Anzeige aufgegeben und zurück ins Hotel. Am nächsten Tag kam die Hotelmanagerin, Carrole Guntley, leichenblass (obwohl sie eine dunkle Hautfarbe hat) zu mir. Ob ich verrückt bin, fragte sie aufgeregt. Sie beschwerte sich, dass sich am Telefon pausenlos Tänzer, Feuerschlucker, Gitarristen, Witzemacher, Sänger und Musikgruppen meldeten, um unbedingt dabei zu sein!

Im Endeffekt haben wir gemeinsam einen 5-tägigen Vorstellungswettbewerb vereinbart, wobei die Elektronikhändler Juroren waren. So hatten wir jeden Tag Spaß und spannendes Entertainment.

Die Gewinner wurden gekürt und die Preise verteilt. Die Gruppe war derart begeistert vom talentierten und vielseitigen Sänger A. J. Brown, dass er samt Band für eine Roadshow nach Deutschland, Holland und die Schweiz eingeladen wurde.

L-1 Holger Leue

SANFTE TÖNE, HERBE KRITIK.

Nach der Tour kam A. J. auf seine Heimatinsel zurück und "The Gleaner" berichtete darüber. Seitdem war seine Popularität erfreulich gestiegen, und dank seiner hervorragenden Qualitäten hatte er es sogar bis nach Las Vegas geschafft. Durch diese Erfahrung bin ich mit dem großen Musikpotential der relativ kleinen Insel vertrauter geworden. Wöchentlich kommen 100 neue Songs auf den Markt.

Musik-Events

Reggae sunsplash und das Sumfest sind seit Jahren ein internationaler Magnet für Liebhaber dieser herausragenden karibischen Musik. Dazu führt die Foundation Dance Night diverse Auftritte mit Künstlern aus aller Welt durch. Die Veranstaltungen ziehen sich über mehrere Nächte hin.

Einen vorzüglichen Ruf hat das jährliche Caribbean Fashion & Beauty. Es muss nicht immer Igedo und Prêt-à-porter sein, caribbean special events haben ein angenehmes lokales Ambiente und machen Spaß. Der gesamte Jahres-Eventkalender, vom Jonkanoo bis zum Maroon-Festival, bietet für jeden karibischen Geschmack eine passende Veranstaltung. Jamaica kennt keine Langeweile.

L-1 Holger Leue

Riviera Maya

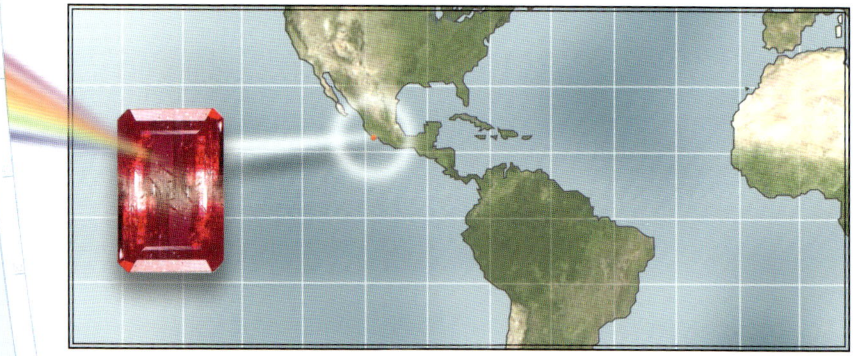

Riviera Maya

Publikumslieblinge wie Chichén Itzá und Tulum sind inzwischen sehr bekannt geworden. Neu entdeckte Ruinen im Regenwald geben der gesamten Region jetzt wieder ein Gefühl von Abenteuer und Spiritualität.

Dort, wo der Sand so vorzüglich weiß, rund und fluoreszierend ist (Seite 18) und Türkis-Brillanz von Weltklasse zu finden ist, finden Sie die Riviera Maya auf Yucatán. Die mexikanische Karibik. In der Nähe befinden sich die berühmten archäologischen Stätten Xel-Há und Tulum. Die Burg 'El Castillo' ist dem Gott Kukulcán gewidmet und liegt hoch auf der Steilküste am Ufer des karibischen Meers. Für Besucher gibt es ein reichhaltiges Angebot an Abenteuer, Sport und Wassersport, Maya-Spezialitäten am Tag und Playa del Carmen by night.

Moderne Kunst, Boutiquen und kleine Designhotels entlang einer 200 km langen Küstenlinie. Die Quinta Avenida in Playa del Carmen ist der Treffpunkt, wo Sie in karibischer Atmosphäre Restaurants und ein reges Nachtleben genießen können. Dennoch bietet die Region herrliche Ruhe und ein sanftes Strandleben. Wunderbare Villen, kleine Hotels, Wellness-Oasen mit einer künstlerischen Note sind z. B.

- Ceiba del Mar Hotel, Spa Resort in Puerto Moreles
  Das Beispiel Ceiba del Mar soll auf zwei Gesichtspunkte aufmerksam machen.
  Erstens: Die Hoteldarstellung. In einem Buch ist es kaum möglich, das wirkliche Ambiente darzustellen. Deshalb wird auf die Website

MEXIKANISCHE KARIBIK

R-1 Riviera Maya

hingewiesen. Das Hotel ist übrigens Mitglied der Summit Hotels, einer erlesenen Kooperation. Auch das auf Seite 4 genannte Hotel in Graz gehört dazu. Bitte schauen Sie mal auf der Site des Ceiba del Mar den 360-Grad-Rundblick in der Lobby an: Mexikanische und Maya-Stilelemente, den tropischen Garten ... Sie werden außerdem entdecken, dass es neben All-Inclusive auch Gourmet-All-Inclusive gibt.

Zweitens: Dieses kleine Büchlein wird im Internet eine weitere Aufarbeitung der Themen anbieten. So entsteht eine außergewöhnliche Kommunikations-Architektur.

Einige weitere Hotels, aus einer viel größeren Vielfalt:

- Deseo in Playa del Carmen (ohne Strand, aber in der Nähe)
- Shangri-La in Playa del Carmen
- Al Cielo Hotel in Xpuha
- Azulik in Tulum und das
- Ikal del Mar Hotel.

R-1 Riviera Maya

ÜBERWUCHERTE MAYA KULTUR

K-1 © Kiedrowski

Abenteuer und Spiritualität

Die Region hat durch immense Touristenströme viel von den oben genannten Gefühlen verloren. Das ist nun vorbei. Seitdem es publik geworden ist, dass u. a. bei **Tikal** und Calakmul unter Gestrüpp und Lianen neue Mayabauten entdeckt wurden, finden immer mehr Menschen den Weg dorthin.[38] Touristen, Archäologen, Plünderer und Kunsthändler wollen alle nur das Eine: dabei sein, wenn vergessene Vermächtnisse der Maya-Kultur wiederentdeckt werden. Wenn schon über Plünderer berichtet wird, dann auch über die spanischen Eroberer.

Die Gesamtregion der Maya befindet sich vor allem in Mexiko und **Guatemala**: hunderte von Tempeln und Großstädten, Sternwarten und sogar ein Königspalast. Spanische Conquistadores (vgl. Tibet, Seite 41) haben im 16. Jahrhundert nicht nur ein unvorstellbares Gemetzel angerichtet (z. B. 1521 in Tenochtitlán), auch Kulturschändungen[40] gehörten zum Regime. Ein argwöhnischer Kolonial-Mönch verbrannte einen Großteil historischer Maya-Handschriften. Und das bei einem Volk, das weit früher als die Europäer das Sonnenjahr mit exakt 365,2422 Tagen berechnen konnte. Im übrigen berechneten sie ebenfalls das Weltende: für den 24. Dezember 2011.

R-1 Riviera Maya

VERZAUBERTE ATMOSPHÄRE UND ...

R-1 Riviera Maya

Mexico. Vielseitige Kultur, Natur & Lebensart
1. Fläche: 1.953.000 qkm • 2. Einwohner: 100,8 Mio.
3. Einw. pro qkm: 52 • 4: Cancún (Riviera Maya) 21°N, 86°W

... ACTION, WASSERSPORT & SPASS

Nach dem herrlichen Aufenthalt ist das alte Europa das neue Ziel. Ab in die Heimat. Dort freuen sich Familie, Freunde und Freundinnen auf Ihre Rückkehr. Sie fallen sich in die Arme und feiern ein langes, glückliches Happy End ...

Irgendwann, vielleicht in einer jetzt noch unbekannten Lebensphase, ist es wieder da. Fernweh. Fremde Kulturen, neue Entdeckungen und außergewöhnliche Erlebnisse.

H-3 / T-2 Taeschner

Kapitel 10:

Reisewünsche und Motivation

LebensArt Reisen

In Ihrem Leben wechseln Ihre Wünsche und Vorlieben im ruhigen, unsichtbaren Zehnjahresrhythmus. Mal leben Sie sich hedonistisch aus, mal sitzen Sie in stiller Bewunderung vor einem summenden, bunt-metallisch glänzenden Kolibri. Noch wollen Sie vielleicht nicht wissen, was Sie morgen suchen werden, aber es gibt zwei unerschöpfliche Quellen. Die Schönheit unseres phantastischen Planeten und die sich immer erneuernde Kraft der menschlichen Kreativität.

Wer viel und gern reist, findet immer wieder neue Formen von Natur, Kultur, LebensArt und Kunst. So viele Künstler wie heute hat es zu keinem Zeitpunkt der Geschichte auf der Erde gegeben. Und so viele Reisekünstler. Entdecker wie Alexander von Humboldt, Maria Sibylla Merian und Therese von Bayern waren in ihrer Zeit eine Seltenheit. Heute gehört entdecken & erleben einfach dazu und ist tief in die Gesellschaft eingebunden.

Sie werden in Ihrem Leben mehr von der Welt gesehen haben, als alle Ihre Vorfahren zusammen. Die menschliche Mobilität hat sich ins Uferlose gesteigert, und die Zunft der Forscher, Filmer, Fotografen und Reisejournalisten hat bahnbrechende Arbeit geleistet.

Die Erlebnismöglichkeiten in der Karibik und Mittelamerika sind in Europa bestens bekannt. Andere Regionen sind etwas aus dem regulären Blickfeld geraten. Spüren Sie sie auf, entdecken Sie ihre bevorzugten Highlights für Körper und Geist.

LebensArt-Reisen haben etwas mit Lebenskunst zu tun. Und mit Kunst. Genießen Sie Ihre persönliche Kunst des Reisens.

Auf den nachfolgenden Seiten finden Sie Tipps und Informationen.

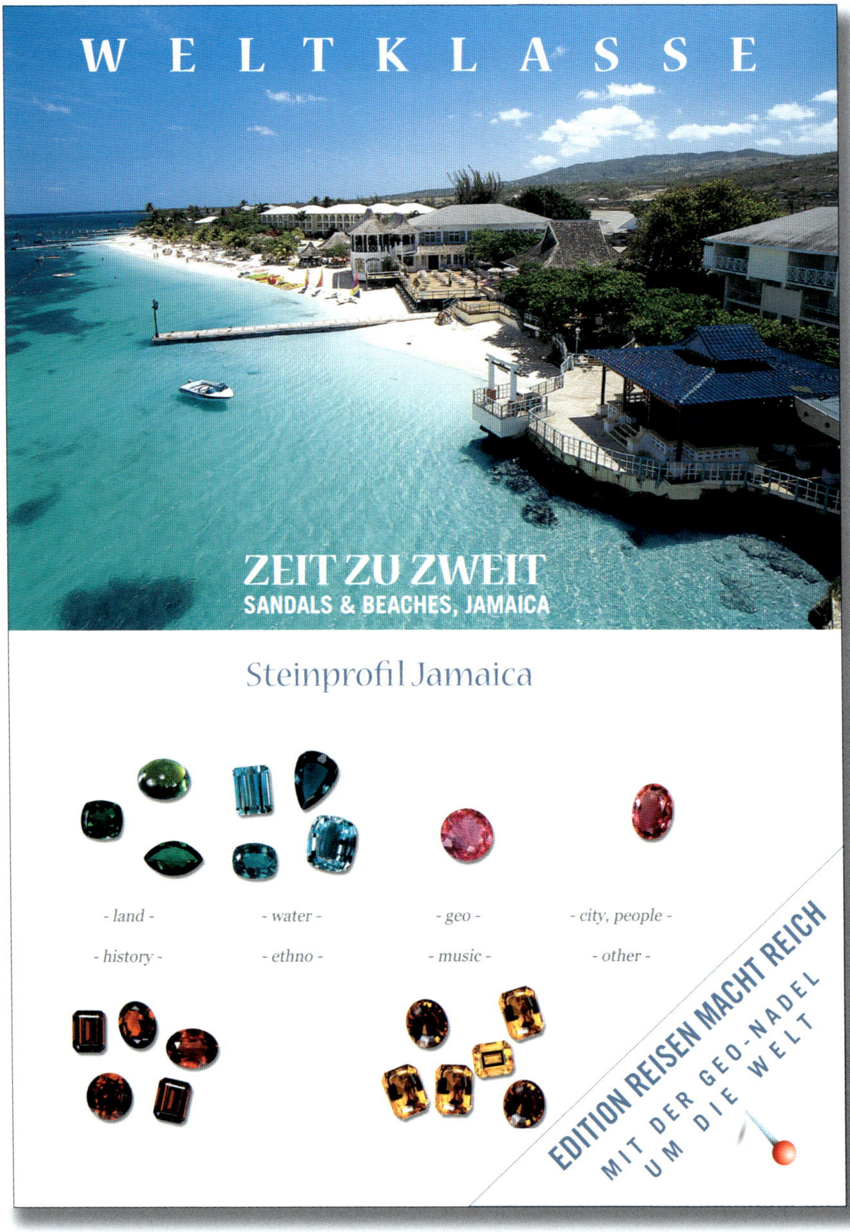

Der Grafik-Designer Jost hat vorhandene Edelsteinmotive liebevoll als künstlerisches Destinationsprofil umgewandelt. Motto: Schöne Ziele, schöne Profile.

Edelstein-Piktogramme als Juwelen-Kollektion

Zugegeben, das Fünfsterne-System für Hotels ist bekannter und einfacher als die bisher dargestellten Edelstein-Profile, aber: Die Sterne sind nichts weiter als eine Orientierungshilfe, Sie können sie nicht umhängen, nicht essen, nicht als Dekoration benutzen. Das Edelstein-Profil ist mehr als eine Orientierungshilfe. Es steht in Form einer prächtigen Juwelen-Kollektion zur Verfügung. Vom Weltklasse-Juwelier in Brasilien angefertigt, mit erstklassigen Steinen aus eigenen Minen. Komplett mit Qualitätszertifikat.

Das Design ist modern, hochwertig und vielseitig einsetzbar. Gut geeignet als begehrenswerte Gewinne eines Preisausschreibens. Oder für Incentives und Gewinnspiele der Markenartikel-Industrie. Für Reisende sind die Edelsteine unvergessliche Geschenke und Andenken. Ein Jamaica-Juwel vom Feinsten, das Mauritius-Amulett, oder Rio-Ringe. Die ersten, noch während der Buchproduktion aus Brasilien gelieferten Juwelen, lösten spontan eine unerwartete Kreativität aus. Die Fotografin Anne-Marie von Sarosdy und Sopi, ihre Assistentin, haben eine Amethyst-Zitrin Kombination als Bauchnabelschmuck ausgesucht und fotografiert. Sopi zeigt damit hautnah, dass sie eines Tages ein beeindruckendes Bergpanorama erleben und eines Abends mystische, 'fremde' Musik hören will.

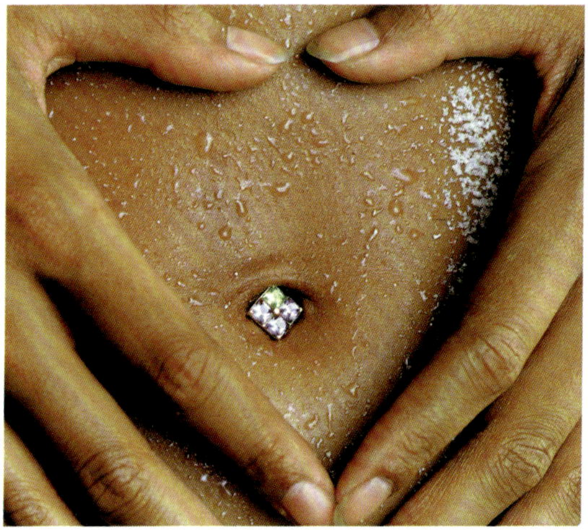

S-4 Sarosdy

WELTKLASSE
RIO DE JANEIRO
EDITION REISEN MACHT REICH
MIT DER GEO-NADEL
UM DIE WELT

Ihr persönlicher Reise-Rad-Geber

Die Zusammenfassung von Reisen-macht-Reich als Rad-Geber ist zwar nicht so passend für Menschen, die gern per Flugzeug unterwegs sind, aber dennoch:

1. Die Wölkchen beinhalten das, was Ihre Reise von einer DIN-A4-Tour unterscheidet: Die Suche nach der ultimativen Weltklasse-Qualität!
2. Das Vorderrad ist die eine Seite: Wohin möchten Sie reisen? Mit dem Lenkrad finden Sie Ihre Wunschregion.
3. Viel wichtiger ist das Hinterrad. Was treibt Sie an? Was ist der Motor, Ihre persönliche Motivation in der gegenwärtigen Lebensphase? Es sind die großen Gefühle, die Ihnen die Energie geben, alle Strapazen einer besonderen Tour auf sich zu nehmen. Einschließlich der Bereitstellung von Geld und wertvoller Freizeit.

1. Weltklasse als Leitstern (Kapitel 3, ab Seite 29)

2. (Seiten 37 – 160) einige besondere Regionen der Erde

3. 11 Segmente (siehe Seiten 169-173 'Gefühle')

Die Themen 1 und 2 wurden bereits ausführlich erklärt. Reiseveranstalter haben schon jahrelang untersuchen lassen, was Touristen **vom Urlaub** erwarten. Aber was ist mit Reisenden, die **mehr als Urlaub** erwarten? Antwort: Viele Menschen wissen es selber nicht so genau, und über ihre persönliche Motivation haben sie sich ebenfalls keine Gedanken gemacht. Eine Blitz-Anleitung dazu finden Sie auf der nächsten Seite.

Hvalsafari, Andenes, Norwegen: Projekt Nature Support, Walgemälde am Leuchturm

PROJEKT-REISEN (GEFÜHL 2)

Ihre Reisemotivation blitzschnell geklärt

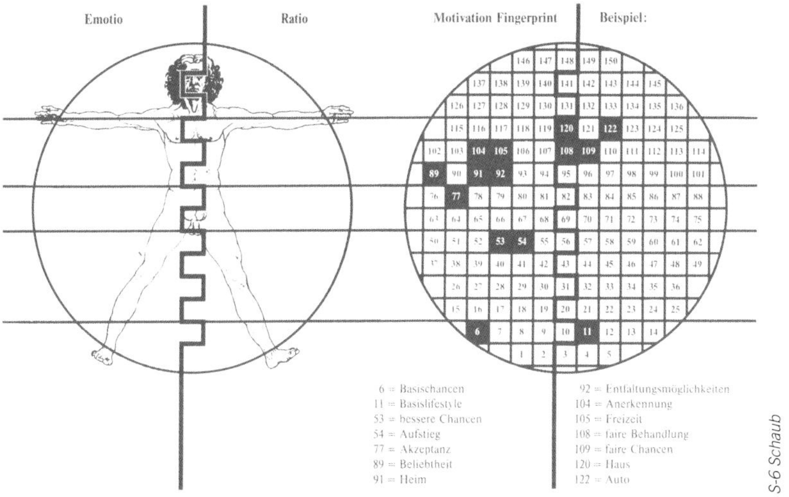

Anders als die Reisebranche, haben sich Großunternehmen und Incentive-Fachleute mit den grundsätzlichen Formen von Motivation und Antrieb schon ein Vierteljahrhundert lang beschäftigt. Wie solch ein Verfahren zur Motivationssteuerung aufgebaut sein kann, zeigt das obenstehende Schema. Für Sie blitzschnell geklärt:

1. Die Industrie hat sich freundlicherweise schon über Ihre Motivation Gedanken gemacht, dann brauchen Sie das Rad nicht neu zu erfinden.
2. Sie übernehmen die für Ihre Reiseplanung wichtigsten Erkenntnisse und beantworten lediglich eine Frage:

Wenn Sie eine Traumreise mit allen Nebenkosten, Wert 20.000 Euro, gewinnen würden, welche Reise würden Sie sich aussuchen? Bedingungen: Ausschüttung in bar ist nicht möglich. Sie müssen sich für einen Reisetyp entscheiden.

Sie haben die Wahl *(Nähere Einzelheiten finden Sie auf den Seiten 169 bis 175)*:

1. Geld und Erfolg ☐
2. Spiritualität, Phantasie und Selbstverwirklichung ☐
3. Wellness, Kultur, Luxus und Genuss ☐
4. Glanz, Schönheit, Anerkennung ☐
5. Heile Welt und Glück ☐
6. Freiheit, Stille und Natur ☐
7. Liebe, Body & Sex ☐
8. Action, Sport & Abenteuer ☐
9. Feiern, Tanzen, Party ☐
10. Fernweh & Nomadendrang ☐
11. Nichts. Urlaub machen. ☐
12. Ich weiß immer sofort, welche Art von Reise für mich in Frage kommt, bzw. solche Reisen treffen für mich alle nicht zu ☐

INNERE RUHE (GEFÜHL 2)

K-1 ©Kiedrowski / Ladakh

Die großen Gefühle

Gefühle[41] sind für die meisten Menschen diffus, wie Wolken, die sich überlagern. Wer Jahrzehnte mit 'feelings' Projekte gestaltet hat, kennt den Nutzen einer Systematisierung. Für Reise-Motivationen sind es elf Basisgefühle, die am häufigsten anzutreffen sind. Diese 'main travel feelings' können in allen denkbaren Kombinationen angewandt werden. Der Inhalt eines einzelnen Gefühls ist komplex und muss deshalb leider in einer Kurzformel verpackt werden: Geld & Erfolg, Kultur, Luxus & Genuss, usw.

Historisch gesehen, also nicht religiös wertend, haben Menschen Jahrhunderte nach Du-sollst-Du-sollst-nicht-Regeln gelebt.

Die heutige Du-darfst-Generation darf fast alles. Genießen, glücklich sein, Spaß haben, Action entfesseln, entdecken usw. Auf Reisen darf das 'alles' ein bisschen heftiger sein.

Welche Gefühle dürfen auf Ihrer nächsten Reise bitte verwirklicht werden? Lustvolle Zweisamkeit, eine Prise Sport und viel Kultur? Oder Luxus und reine Natur der Sonderklasse? Auf jeden Fall ist es sinnvoller, Ihre gewünschten Gefühle deutlich zu benennen als diffus auf Wunder zu warten. Wer zusätzlich noch 'Weltklasse' hinzufügt, ist auf dem besten Weg, eine außergewöhnliche Reise anzutreten.

WELLNESS, KULTUR, LUXUS & GENUSS (GEFÜHL 3)

R-2 Résidence, Mauritius

Basisgefühle können beliebig kombiniert werden. Pro Lebensabschnitt werden sie unterschiedlich empfunden. Für Firmen, die Preisausschreiben veranstalten, ist es ratsam, die Gefühlswirkung einer Reise präzise mit dem Wunsch-Umfeld der Marke (oder des Unternehmens) in Einklang zu bringen. Für potentielle Gewinner eines Preisausschreibens (Sie sind dabei!) ist es wichtig, die Marken-Gefühle in einem Preisausschreiben mit Teilnehmer-Casting einzuschätzen. So gewinnen Sie eher! Und werden, wie es oft vorkommt, zu einer Supertour eingeladen. Nach Paris und Rio. Zum Südpol und zur Walforschung. Auf eine einsame Insel oder zu einer turbulenten Lifestyle-Reise. Sie gewinnen statistisch gesehen eher im Markenlotto als im staatlich gesteuerten Glücksspielmonopol.

1. Geld & Erfolg

Blitzreisen, Shopping-Reisen, Fünfsterne-Hotels, Stretcher-Transfers, Vip-Lounges, Suiten, Metropolen usw.

2. Spiritualität, Phantasie & Selbstverwirklichung

Einschließlich Projektreisen, soziales Auslands-Engagement, Eine-Welt-Aktivitäten, Studienreisen, Malen, Fotografieren, ausgefallene Hobbys.

3. Wellness, Kultur, Luxus & Genuss

Ein Hauch vom Gefühl 1 (Geld & Erfolg, siehe oben), dazu aber Galerien, Museen, gepflegte Gastronomie, Design- und Nostalgiehotels, Edel-Boutiquen und -Resorts.

4. Glanz, Schönheit, Anerkennung

Glamour-Events & -Locations, Wellness-Oasen, Grandhotels, exquisite Dinnerlocations, Preisverleihungen, Festspiel- und Filmwochen, Vernissagen, Schönheitswettbewerbe, Luder-Locations, Edeldiscos usw.

FERNWEH & NOMADENDRANG

(GEFÜHL 10)

L-1 Holger Leue, Tattoo - uralte Körperkunst, Tahiti

5. Heile Welt & Glück

Einschließlich Zweisamkeit & Geborgenheit, Romantik, Kinder und Familie. Berghütten mit Kamin, Romantikhotels, Urlaub auf dem Lande, Heirat in der Südsee.

6. Freiheit, Stille & Natur

Alleine und in Gruppen, Segeltörns, Wildlife-Reisen, Nationalparks, Bergwandern, Naturschutzaktionen.

7. Liebe, Body & Sex

Das stärkste Gefühl überhaupt (biologisch durch die Erhaltung der Art bedingt) und ebenfalls ein wichtiges Reisegefühl. Auch für die Reise-Industrie ist diese Motivation umsatzfördernd. (Siehe Hedonismus-Notiz Seite 143 Jamaica.) In vielen Varianten durchgestylt, von Superclubs und sanften Hedonismus-Resorts bis Disco-Hochburgen, Fitness-Anbieter, Pool-Partys und Single-Reisen.

8. Action, Sport & Abenteuer

Expeditionen, Härtetests, alle Surf-Arten, Geländewagen, Wasser- und Strandsport, die ganze Vielfalt des Sports.

9. Feiern, Tanzen, Party

Eng verwandt mit Gefühl 7 (Liebe, Body & Sex), jedoch ausführlicher in Sachen Nightlife, Trinken, Flirten, Ausgehen.

10. Fernweh & Nomadendrang

Das gesamte 'escape'-Sortiment an Reisearten und Langzeit-Reisen. Durch alle Sozialschichten und Altersgruppen.

11. Das am häufigsten anzutreffende Reisegefühl: **Nichts tun.**

G-2 Geub

G-2 Geub

FREIHEIT, STILLE, NATUR (GEFÜHL 6)

K-1 © Kiedrowski

ZEIT ZU ZWEIT (GEFÜHL 5)

S-3 Sandals & Beaches

T-4 Treeck

N2 Neanderthal Museum

Germanen vor 2000 Jahren, Neandertaler vor ca. 130.000 Jahren v. Chr. bis 30.000 Jahren v. Chr. (Mittelpaläolithikum,) entdeckt 1856 vgl. N2 (vgl. Papuas (PNG) S. 67 und Xavantes, Brasilien S. 111

Ötzi, Germanen und Yanomamis

Europäer sind von der Lebensart der Maoris, Aborigines, Apachen, Sioux, Yanomami fasziniert, von Indianervölkern in fernen Ländern schlechthin. Die Verbindung zu eigenen, naturverbundenen Völkern wird nicht hergestellt. Seit Ötzi haben Österreicher und Italiener dieses Gefühl wiederentdeckt. Es ist leicht, sich mit diesem Bergwanderer, Jäger und Sammler zu identifizieren. In Deutschland ist die Situation anders. Moorleichen erinnern eher an eine unangenehme, sumpfige Vergangenheit. 'Germanen' werden entweder mit Wagner-Inszenierungen oder verstellten Leitbildern aus dem Dritten Reich in Verbindung gebracht. Der berühmte Neandertaler ist kein wirklich historisches Leitbild. Die steinzeitliche Lebensweise ist weit entfernt, und außerdem gelten Neandertaler als eine ausgestorbene Seitenlinie des heutigen Menschen.

www.neanderthal.de

Mit dem Blick auf das Jahr 2000 und im Rahmen eines Dorf-Entwicklungsprojekts des NRW-Wirtschaftsministeriums entstand eine Fotorekonstruktion des germanischen Lebens im Jahre Null: Das Urdorf. Besonders spannend, weil unweit des betreffenden Dorfs, Bellersen (Brakel), die berühmte Schlacht im Teutoburger Wald stattfand. Unschwer sich vorzustellen, wie es lokalen Stämmen mit Orts- und Waldkenntnissen (wie Indianern) gelang, die weit überlegenen Römer in eine tödlichen Falle zu locken. www.bellersen.de und www.brakel.de.

In einer Anzahl Inszenierungen wurde das Leben der naturnahen Germanen rekonstruiert und fotografiert. Mit Hilfe von Archäologen konnten Kleidung und die damalige Lebensweise präzise definiert werden. Sogar die Färbung der Stoffe, wie Beerensafttöne, beruhte nicht auf Phantasie, sondern auf gründlich erforschter Realität. Brasilianer, die diese Bilder später gesehen haben, zeigten sich für die Indioähnliche Atmosphäre außerordentlich zugänglich.

Mit Hilfe solcher Visualisierungen ist es möglich, Gemeinsamkeiten eines naturnahen Lebens daheim und in Übersee zu finden. Auf anderen Kontinenten wurden die meisten einheimischen Völker ganz, oder so gut wie, ausgelöscht, aber es gibt wenigstens noch erlebbare Kulturen wie Himbu, Papua-Völker und Xavantes.

Ötzi, Neandertaler und Germanen gibt es nur noch gut erforscht und historisch virtuell. Aus diesem Grunde hat der zentrale Treffpunkt auf Turmalí im Atlantik eine Gemeinde mit dem Namen "Neandria" bereitgestellt. Wundern Sie sich bitte nicht, wenn Sie hier auch ein Germanenbild entdecken. Diese Internationalität sind wir dem Urdorf in Nordrhein-Westfalen schuldig. Unweit von Neandria liegt die kleine Insel 'Primeira', wo die Ur-Einwohnerin Uoti auf würdige Art und Weise an die verschwundenen Tupi-Stämme erinnert. So kommen alle schön zusammen und bieten ein kompakt-kulturelles Erlebnis.

Kunst aus Neandria

Aus der Langzeitperspektive hat Köln im Rhein-Ruhr-Gebiet, seit der Römerzeit, die interessanteste Stadtkultur. Düsseldorf war trotz Kurfürst Jan Willem von der Pfaltz bis 1945 weniger bedeutend. Das Dorf an der Düssel hatte 1856 eine Sternstunde, als im nahegelegenen Neandertal Knochenfunde gemacht wurden. Der Neandertaler von der Düssel wurde weltberühmt. Nach dem Kriege werteten britische Besatzer Düsseldorf zur Hauptstadt des künstlichen Bundeslands NRW auf. Inzwischen ist diese eine richtige Art City geworden. Im Jahr 2006 ruft sie die 'Quadriennale' aus: 'Zone Zero' im (vgl. S. 47) museum kunst palast, mobile Skulptur-Pavillons, Caravaggio, Francis Bacon im K20, Juan Muños im K21 und viele mehr. Die Stadt hat die höchste Dichte an Museen und Kulturinstituten weltweit. Da ist es mehr als gerechtfertigt, zwei Namen hinzuzufügen:

Beuys und Immendorff.

Als ich für ein Monkey's Projekt auf Ibiza war, hielt ich eine kleine Skulptur von Immendorff in der Hand. Der 'wandernde Affe' von Immendorff erinnerte mich an unseren Vorfahren Homo erectus, der zu Fuß die Welt eroberte. Ein ideales Symbol für Fernreisen, dachte ich mir. Mit dem Flugzeug kam die Skulptur als Fotohintergrund nach Südamerika, wo ich beide Künstler mit einem Kunstevent an der Südatlantikküste geehrt habe.

Die rechte Figur der Skulptur stellt Beuys, in einer typischen Haltung, dar.

Kapitel 11:

Viajar enriquece

Assim você encontra qualidade de classe mundial. Para as grandes viagens da sua vida.

Queridos amigos brasileiros,
este livro é destinado aos viajntes da Europa, que se interessam por viagens de longo alcance excepcionais. Foi feito na forma de um livro de planejamentos a longo prazo e por isto produzido com um alto valor qualitativo. Através de uma Webseite, o livro está ligado estreitamente à internet e pode asim prestar serviços preciosos para ofertas atuais do Brasil. O critério principal para a inclusão é a oferta de um produto de classe mundial.

Para o livro:
A particularidade está na estrutura.

Para que os viajantes saibam o que eles encontram e onde, existe o sistema de direcionamento em cores das jóias. A imagem complexa de uma destinação está organizada em natureza, cultura e modo de viver. Numa comparação mundial pode-se, por exemplo, ler quais as qualidades que o Rio tem diferentemente da Jamaica ou do Chile. Até hoje conteúdos sobre o Brasil só são encontrados na conhecida Folha do Turismo. Mas toda a destinação no Brasil pode-se representar por um perfil de pedra. O mais importante: existe qualidade mundial.

Além disto podemos divulgar ofertas do Brasil através do nosso produto print Carioca-News. Editoras do Brasil estão cordialmente convidadas a publicar uma edição adaptada ao seu país.

Como produto paralelo ao livro, a presença na Internet: No meio do Atlântico surgiu um encontro virtual: o Estado Primeiro como nova zona franca.

local: dentro da República Atlântica e perto de Fernando de Noronha. O mapa de povoação do Estado será impresso na edição especial, na parte interior da capa de proteção. Os "primeiros" são modernos, dão porém grande valor à história e a nostalgia.

O conteúdo do livro numa visão geral:

A. TEMAS INTRODUTIVOS

As cinco mais importantes décadas de viagem na vida de uma pessoa deveriam ser aproveitados da melhor forma possível. Viajar enriquece, se houver um planejamento de longo prazo ao invés de uma resolução espontânea.

Capítulo 1. Viagens-modo de vida

Reflexão: assim a mente fica mais apurada para qualidade de classe mundial. Viagens-modo de vida são delimitadas das viagens baratas e ´normais`. Elas baseiam-se em planejamento fundamental e arte de viver pessoal e produzem assim experiências únicas com efeito duradouro.

Capítulo 2. Pérolas do nosso planeta.

Trópico: vivenciar um novo sentimento colorido, como o pintor dos Mares do Sul Paul Gauguin: Cores encantadoras e uma atmosfera ardente. (A propósito: Gauguin também esteve no Rio. Ele foi para o Rio a serviço do Le Havre, trabalhando como grumete.)

Regiões de classe mundial da terra tem que resistir a critérios objetivos. Assim a água nas costas do Brasil não possue a qualidade de cor da água polinesiana. Não se trata de retórica e de belas fotos, mas sim de regras objetivas da física, clima, geologia e da biologia.

Capítulo 3. O sistema guia de cores das jóias

Sedutor: cores naturais ´transparentes` levam às belezas da terra. Azul- água-marinho sinaliza qualidade nobre de geleiras, verde-turmalina dirige o olhar para maravilhas da natureza, pedras preciosas vermelhas mostram modos de vida desconhecidos e histórias. Precisamente para o Brasil, como um dos fornecedores principais de pedras preciosas, esta representação de destinações é uma interessante inovação.

É um princípio totalmente novo para tornar mais transparente a múltipla complexidade da natureza, da cultura e do modo de vida. Viajantes exigentes têm acesso às referências para encontrar qualidade de classe mundial e para que a sua arte pessoal de viajar seja ótima.

· Der deutsche Text beginnt wieder auf S. 189

B. DESTINAÇÕES

Da variedade de destinações escolhidas foram selecionadas cinco grandes regiões: Himalaia, Melanésia-Polinésia, Patagonia, Brasil e Caríbicas. Guiados pelo Spot guia, as destinações concretas com um perfil de pedra demonstram uma volta ao mundo virtual: da Europa ao Nepal, Bhutan e Tibet. A seguir entre outros Papua-Nova Guinéa, Nova Caledónia, Fiji e Taiti. Depois o trajeto sul para o Chile e Argentina. A partir daí para o Brasil, Jamaica e Yucatan voltando para a Europa. O Brasil está assim na melhor companhia.

Capítulo 4. O máximo das sensações

Místico: No Himalaia, Tibet, Nepal e Bhutan o tempo parece ter ficado parado. Assim acontecem viagens através do tempo e do espaço.

Aqui visualiza-se pela primeira vez a utilidade da nova ´linguagem das pedras preciosas`.

Através do exemplo simples comparativo entre o Tibet, da Aachen local e as Maledivias, os perfis de pedras preciosas tornam-se compreensíveis.

Capítulo 5. Previdência

Proveitoso: Já que a gente está a se ocupar com viagens de longo alcance e com a montanha mais alta do mundo, a oportunidade é favorável à expansão do horizonte. Uma nova espécie aparece no campo visual: os MCTM´s, ´os migrantes contínuos dos tempos modernos`.

Este grupo alvo nós examinamos de perto como viajantes ao Brasil e publicamos no Carioca-News em língua portuguesa.

Além disto procura-se uma resposta à pergunta, se e como a gente teria praticamente disponibilidade de tempo e finaceiramente para fazer estas viagens cheias de vivências pelo mundo? Para tanto é inevitável ter que se ocupar com a ´economia complementar`, melhor dito: encontrar formas modernas da boa velha economia de troca.

Capítulo 6. O espaço das cores polinésicas

Viciado: De forma completamente natural viver totalmente no êxtase das cores. Por exemplo com uma viagem de núpcias ultimativa no estilo tradicional dos Mares dos Sul.

Por causa do explendor do colorido, inclue-se o mundo das ilhas Melanésicas. A região da Melanésia-Polinésia abrange uma enorme sperfície tal, que as dúvidas na escolha também se torna enorme. Ao lado do Taiti, conhecida mundialmente como destinação, famosa e ´desejada`, existe no sul do Pacífico uma abundância doutras destinações de classe universal.

As Trobiands, Isle de Pins, Fiji, Samoa, Cook Islands, só para mencionar algumas.

Capítulo 7. Ponta sul da América do Sul

Poderoso: Vivenciar como as geleiras crescem ou passam boiando como enormes baleias mansas. A natureza pura da Patagonia no Chile e na Argentina certamente vale uma viagem de descobrimento.

A vasta terra entre o rio Biobio e a Terra do Fogo oferece uma vivência espetacular na natureza. Um ambiente ideal para esporte, diversão, liberdade e aventura.

Capítulo 8. O modo de viver brasileiro

Único: A sensação de vida brasileira tem uma refrescante identidade independente.

Contaminantemente descontraída e engraçada, cheia de alegria de viver e saudade ao mesmo tempo, jovial e original. E mais: música e cultura de dança de classe mundial. Também sobre este tema existe uma edição especial do Carioca-News.

O Brasil é um continente inédito. A natureza e a cultura são de tal forma versáteis, que são necessários alguns anos para se poder fazer uma boa idéia a respeito.

Na primeira parte do capítulo encontra-se impressões da rica história dos habitantes primitivos. Na parte central estão as pinturas do tempo de Mauricio de Nassau: Albert Eckhout. Após a curta viagem no tempo segue uma imagem das hoje restantes `tribos indígenas´ e depois do Rio moderno!

Modos de vida tropicais excitantes mesclados com a nostalgia calada chamada ´saudade`.

No nordeste, ao longo da longa costa de 8.000 km, encontra-se como parte do Estado de Pernambuco, as ilhas frontais de Fernando de Noronha. Poucas

• Der deutsche Text beginnt wieder auf S. 189

milhas ao Nordeste começa uma nova zona franca virtual ´Estado Primeiro`. Aqui sediaram-se partes do conteúdo deste livro. Na parte posterior da capa de proteção da edição especial encontra-se um mapa geográfico destas terras.

Capítulo 9. Ciclos de vida nas Caríbicas

Arte de viver: Também em regiões de turismo em massa existem oásis para amantes da arte & design, Wellness e esportes aquáticos, amor & namoro. Um aplauso para a esplêndida vagareza caríbica!

As diversas culturas da Caribbean Community são representadas de forma exemplar. Duas destinações, Jamaica e a Riviera Maya, mostram as suas qualidades no perfil de pedra.

C. DICAS PARA A PRÁTICA

Capítulo 10. O amuleto dos desejos de viagem

Pessoal: Dicas e sugestões para a sua arte de viajar.

O prontuário mostra o panorama das viagens-modo de vida. Viajantes exigentes dispõem então de três planos de orientação: regiões de classe mundial, a motivação da viagem pessoal e os critérios para a qualidade de classe mundial.

Capítulo 11. Tradução do resumo

Internacional: para os nossos amigos no estrangeiro os conteúdos mais importantes foram traduzidos em língua portuguesa e inglesa. Amigos do turismo do Brasil podem de bom grado (confortavelmente) nos mandar e-mails emportuguês.

Capítulo 12. Anexo

Proveitoso: A ligação deste livro à internet, indicações das fontes, registros e de endereços de contato possibilitam um aproveitamento confortável dos conteúdos.

How travel can enrich your life

How to find world class quality for unique once in a lifetime travel experiences.

There are so many books on travel, that it is necessary to define just why a new book had to be published. It is the structure that makes all the difference.

Rather than being your typical travel guide merely providing facts on various destinations, this book is aimed at actually improving the level of travel culture.

At the end of the book there is a visual portrayal of the underlying philosophy: depicted as a bicycle, with a world map as its front wheel, guiding the reader to those places around the globe which simply should not be missed, whilst the back-wheel represents the travel psychology, distilled from an earlier book of mine on motivation & incentives. This wheel symbolises the driving force behind various types of motivation, giving travellers the stamina to survive mountain climbing, diving, desert crossing, jungle trekking and even poolside small talk.

The aim is to focus on a virtual search for excellence, using the brand new jewel colour guidance system (more details are provided below). The jewels in question are incidentally not only printed, but also actually produced by a leading jewellery company and in the finest quality ! The bicycle represents your very own world class travel consultant.

Second innovative feature : The jewel colour guidance system mentioned above. Obviously rating hotel standards by 1-5 stars has proved an effective system. But how can a travel location be categorised in its entirety? This is how it works, just take three main categories (nature, culture, lifestyle), divide them into 30 criteria and use six basic colours to show the type and level of quality. With a gemstone profile, you can characterise both complicated destination profiles such as Tibet or Rio de Janeiro as well as simple profiles such as a glacier or a Pacific atoll. As soon as you know how it works, long explanations are no longer required. Looking e.g. for a high class ethnic destination? Select brown gems and you will find one. Yellow gems? Indicating important music destinations. And so on.

Next feature: The definition of a whole new target group for the travel industry, going far beyond the familiar frequent international traveller. This is a whole new category of travellers, people making a conscious decision to live in a culture other than their own and financing their high travelling expenses by taking on various jobs in those areas, or bartering goods and skills in the time honoured

· Der deutsche Text beginnt wieder auf S. 189

manner. I did a pilot study on Germans travelling to Brazil. The whole range of travel motivation within this new target group is much wider than that displayed in regular tourism analyses. These people are modern nomads. They are not members of the jet set in particular, or people who permanently go on holiday or attend congresses. Even though the word migration is not really trendy, the book describes them as 'Permanently-Migrating-World Citizens', the German abbreviation being DMNs.

Final feature: A virtual region was created to link the book with the internet. It is called: Estado Primeiro, the Portuguese for First State and located right in the middle of the Atlantic. The history of this state is purely historical fiction, involving the escape of a coastal tribe from South America from colonial powers, centuries ago. The natives founded their own sea-state on tiny, uninhabited islands. The inhabitants lived in real freedom isolated from and unknown to the rest of the world. Now the mystery is solved and world citizens may use a piece of the territorially free ocean, to locate their lives and work.

Today it is currently the first state of República Atlântica, comprising a community of international orientated artists, managers and thinkers. Estado Primeiro focuses a great deal of attention on the travel trade. World class destinations and products, from Jamaica to Bhutan, from Graz to Rio are brought to a central point in the Atlantic. This also means the book can be permanently updated.

The themes:

The focus of the first part provides a traditional introduction, definitions and explanations.

Specifically:

- Trips of a lifetime, excluding normal holidays, business trips and short distance travel. In brief: the focus is on very special long haul travel. The book points out that the potential world traveller only has approximately five decades at his or her disposal. Conclusion: don't miss the best places on earth ! Although it is not a crime to have missed out on them, how would it feel to reach 70 in the knowledge that you have never seen or will see the most marvellous places on our beautiful planet.

- Criteria to select those finest places on earth. The main message is that facts are on offer not mere high flown phrases. For example the colours of the sea are explained. Facts such as clarity, seabed sand structure, brightness and the intensity of the tropical sun provide an insight into why it is worthwhile travelling thousands of miles to find just the right colours.
- With the classical hotel classification in mind, the book guides the reader using a system designed to characterise the various aspects of destinations. Demanding travellers look for cultural values, virgin nature, history and the rich diversity of humanity. Because the unique quality of our fantastic planet plays the main role, the editor decided to ban primitive pictograms and to create high quality visualisation. The result: The jewel colour guidance system features some eccentric items. For example the blue topaz was chosen for the blue-green seas around Polynesia and the guiding gemstone for the frozen waters in a South American glacier is the aquamarine. Just a small difference but significant. Six basic colours and 30 criteria lead the way on a path through nature, culture and lifestyle.

The second section provides examples taken from thousands of destinations.

Five large regions each with world class quality have been selected. For European and North American readers it is not necessary to focus on those areas familiar to them. The world class tour thus starts in the Himalayas, with Nepal, Tibet and Bhutan. That mystical atmosphere with which the region is imbued makes it well worth visiting at least once in your life. Next on the itinerary is the remote world of Melanesia and Polynesia, with echoes of a rich and ancient ethnological past, unforgettable colours and tropical atoll paradises. Providing a marked contrast is Patagonia located partly in Chile and partly in Argentina. Majestic snow-topped volcanoes, the finest national parks, impressive glaciers and one of the best whale-watching locations in the world, all these combine to give this region a "not to be missed" quality.

More than three weeks holiday are required just to acquire a feeling for Brazil, virtually a continent in itself. Approaching the wonders of the Amazon basin, Bahia, the many unknown natural phenomena or the cities of Sao Paolo. Rio de Janeiro, Salvador or Brasilia takes several years to accomplish. The book gives an impression of the contrast between tribal life and the modern lifestyle in a bustling, tropical, friendly and light-hearted society.

· Der deutsche Text beginnt wieder auf S. 189

The Caribbean, the final region featured has so many different islands and cultures in itself, that it is impossible to mention them all. Only two examples are taken: Jamaica and the Riviera Maya. Since the Caribbean is a main holiday region for both North-Americans and Europeans, there is a lot of mass tourism. Europeans looking for culture and quality can however, still find small, cosy hotels catering for specific tastes, galleries, fashion and music events, as well as romantic locations.

The third part of the book provides a service for readers, with an unusual web connection. A virtual republic was founded right in the middle of the Atlantic Ocean. One of the States, Estado Primeiro (first state within República Atlântica) offers high class travel products a free virtual travel consulate. All the destinations, featured in the book, can be found on this geographic virtual location. Bhutan, Papua New Guinea, Fiji, Tahiti, Patagonia, Rio de Janeiro. Estado Primeiro is a new, virtual market place for people planning their own very special trip of a lifetime.

-1 Riviera Maya

Kapitel 12:

Anhang

Quellen und Anmerkungen

1. Die Entwicklung vom Homo erectus zum Homo touristicus war Inhalt einer kritischen Kampagne gegen den Massentourismus, für Projektreisen und Eco-Tourismus in Natur-Destinationen. Diese wurde ab 1995 auf der Internationalen Tourismusbörse in Berlin durchgeführt und im Jahre 1998 eingestellt.

2. Die englische Bezeichnung 'world class' ist deutlich genug, um ohne Zusatzbezeichnung 'quality' auszukommen. In der deutschen Sprache deutet 'So finden Sie Weltklasse' zwar auf Qualität hin, aber sehr indirekt. Deshalb wird das Doppelwort 'Weltklasse-Qualität' benutzt.

3. Langfristige Reisekosten-Aufstellungen sind extrem individuell. Deshalb wurden die Gesamtkosten der beschriebenen Reisen als Fallbeispiel addiert. Grundlage: Eine jährliche Fernreise für zwei Personen über 5 Dekaden. Durchschnittlich 7.000 Euro pro Jahr, für 30 dreiwöchige Reisen und 10 sechswöchige Reisen mit Regionsreisen vor Ort. Insgesamt also 10 der 50 Jahre ohne Fernreisen. Ergibt eine Lebenszeit-Erlebnis-Reisesumme pro Person für 40 Fernreisen à 3.500 € p. P. = 140.000 €, für 2 Personen 280.000 €, zuzüglich entgangener Kapitalrendite. Bitte beachten Sie Fußnote 3a.

3a. Die Kosten im Fallbeispiel sind für "echte" Luxusreisende zu klein dimensioniert. Für die Mehrzahl der fernreisenden Menschen sind diese Kosten extrem überdimensioniert, obwohl die Reisemotivation vorhanden ist. Für diesen Fall drei Tipps: Erstens, die Lektüre von Kapitel 5, Weitsicht, Seite 59 ff. Zweitens das Thema 'Komplementärwirtschaft'. Hierzu gibt es ein wahrhaft weitblickendes Buch: Lietaer, B. A.: Das Geld der Zukunft, o. O. 2002. Es zeigt, dass es neben der Geldökonomie andere erfolgreiche Kompensationssysteme gibt. Insbesondere in Verbindung mit Reisen eröffnen sich hier Chancen, die unter 3) genannten Reiseetats indirekt bewältigen zu können. Zum Schluss: Die internationale Kompensation auf privater Ebene ist eine weithin unbekannte Wachstumsreserve. Der verengte Horizont einer hundertprozentigen Geldökonomie verhindert eine breite Diskussion über die Komplementärwirtschaft. Wachstum ist in aller Munde, aber das Thema wird nicht öffentlich ausdiskutiert.

4. UNESCO: www.unesco.de, www.unesco.at, www.unesco.ch.

5. Die Angabe "Fluoreszenz-Qualität des Sandes" hört sich einfach an, kann aber nur in einer längeren Beschreibung präzisiert werden. Zweiflern wird empfohlen, unter gleichen Bedingungen Vergleichsstrände zu überprüfen, z. B. Cancún und Aruba. Der Blick des leuchtenden, bzw. nichtleuchtenden Meeres überzeugt auch ohne Worte.

6. So etwas gibt es tatsächlich: Haefs, Hannswilhelm: Das zweite Handbuch des nutzlosen Wissens, München 1991. Leseprobe S. 14: "Badewasser strudelt nördlich des Äquators rechtsdrehend, südlich des Äquators linksdrehend in den Abfluß".

7. Geo 11/77, Seite 119.

8. Goldwater, Robert: Paul Gauguin, Köln 1960, S.86 (Dumont's Neue Galerie).

9. Mitchell, A. W.: The Enchanted Canopy, Glasgow 1989.

10. Otero, L. O. und Marigo, L. C.: Butterflies, Rio de Janeiro 1990.

11. Schumann, W.: Edelsteine und Schmucksteine, München 2002.

12. Everding, K-H.: Tibet, Köln 2001 (Dumont Kunst Reiseführer).

13. Armington, S.: Bhutan, Victoria, Australia, 2. Ausgabe o. J. (lonely planet).

14. König (Druk-Gyalpo = Drachenkönig) Jigme Singye Wangchuk, zitiert in: Keen, D.: Bhutan, Land des Donnerdrachens (Broschüre), Bangkok o. J. , S. 7.

15. Pommaret, Françoise: Bhutan, Bremen 2003 (Edition Erde Reiseführer).

16. **Der Fischer Weltalmanach 2005, Frankfurt am Main 2004, Seite 307.**
Diese Quelle wurde auch, so weit wie möglich, für die 'Länderfakten', Einwohner, Fläche, Einwohner pro qm benutzt.

17. Studiosus Katalog 2005 / 2006, München 2004, Seite 57.

18. Studienkreis für Tourismus und Entwicklung e. V.
www.sympathiemagazin.de, www.studienkreis.de.

19. Jamaica, One Love, (o. J. , o. O.) Broschüre Seite 30: Musterbeispiel Do's and Dont's (Auszug , die vollständige Liste steht Ihnen bei RmR im Internet zur Verfügung). Auf den Straßen unterwegs: Do's • immer links fahren • Betätigen Sie die Hupe vor unübersichtlichen Kurven. Dont's • Halten Sie sich nicht auf dunklen Straßen oder an einsamen Stellen auf • Nehmen Sie keine Anhalter mit. Im Hotel: Do's • Bewahren Sie Wertsachen in einer 'safety deposit box' auf • Melden Sie verdächtige Personen oder Vorgänge an der Hotelrezeption oder beim Sicherheitsdienst • Verschließen Sie sorgfältig die Türen, wenn Sie im Zimmer sind. Dont's • Öffnen Sie nie Ihre Zimmertür ohne zu wissen, wer nach Ihnen fragt • Erwecken Sie keine Aufmerksamkeit durch achtlosen Umgang mit größeren Summen Geldes, durch Schmuck o. Ä. • Laden Sie keine Ihnen unbekannte Personen zu sich ins Zimmer ein. Weitere Dont's: Entfernen Sie sich nie von Ihrem Wagen, solange der Motor läuft • Stecken Sie Ihre Geldbörse, Bargeld o. Ä. nicht in eine Gesäßtasche • Ziehen Sie bei kleineren Beträgen keine dicken Bündel Scheine aus dem Portemonnaie.

20. Carioca-News, Düsseldorf 2005, Ausgabe "Pesquisa: Brasil ? Perguntamos a sua opinão". Informationen in deutscher Sprache über diese Untersuchung: www.carioca-news.de.

21. www.bulafiji.de, www.bulafiji.at, www.bulafiji.ch

22. Baron, Kiki und Spierenburg, Paul: Traumstrände, München 2001 (Collection Rolf Heyne).

23. Asal, Susanne: Chile mit Osterinsel, Köln 2003. Insbesondere S. 266 ff. Schmid, Josef W. (Dumont – Richtig Reisen).

24. Ausführliche Informationen über Chile im Dumont Reisebuch (23), kurze Informationen in der Broschüre Chile von LAN, Frankfurt / Main, 3. Auflage 02/2003.

25. Gantzhorn, Ralf: Patagonien, München 2004, S. 15, 68 ff. (Bruckmann Trekking Guide).

26. Gantzhorn, siehe oben (25), Zitat S. 13.

27. Asal, Susanne: Patagonien, München, 1994, S. 18, Zitat von Antonio Pigafetta, Biograph von Fernando Magellanes, Die erste Reise um die Erde, 1519-1522 (Bucher – Begegnung mit dem Horizont).

28. Es werden abwechselnd 1501 und 1502 als Entdeckungsjahr angegeben. Nennung 1502: Der Entdecker war der Florentiner Amerigo Vespucci, der für Portugal die brasilianische Küste erforschte. Brasilien, München, 2005, S. 26, 141 (Polyglott APA Guide).

29. Quelle: Gespräche in Brasilien mit einem Oberhaupt der Xavantes.

30. Bernatzik, H. Die Große Völkerkunde, Sitten, Gebräuche und Wesen fremder Völker, Leipzig 1939, Band III, S. 97.

31. Insbesondere zwei Quellen, die über Zacharias Wagener informieren, wurden zu Rate gezogen. Erstens: Eine umfassende Darstellung über die Person durch Pfaff, Sybille: Zacharias Wagener (1614-1668), Haßfurt 2001. Frau Pfaff hat hierin den Aufstieg von Wagener, einem Dresdner, in der holländischen Ost- und West-Indischen Companie recherchiert. Vom Kartenzeichner zum Gouverneur der 'Kap-Kolonie'! Zweitens: Buvelot, Q. (Kurator, Autor und Koordinator des Redaktionsteams): Albert Eckhout, een hollandse kunstenaar in Brazilië, Den Haag 2004, S. 74 f. (Ausstellungskatalog der Ausstellung In Brazilië met Albert Eckhout 1610-1666, im Kabinet van Schilderijen Mauritshuis, Den Haag). Die detaillierte Beschreibung einzelner Bilder wurde erst durch die genannte Ausstellung der Öffentlichkeit zugänglich gemacht. Ein Glücksfall für Ethnologen und interessierte Laien. Kataloge, soweit vorhanden, gibt es in niederländischer- und englischer Sprache. Orientierungshilfe: Bestellungen sind möglich unter 'Shop', www.mauritshuis.nl. 'Ethnologische' Bilder des Malers Eckhout sind Eigentum vom Nationalmuseet in Kopenhagen. Informationen: www.natmus.dk. Über Fürst Johann Moritz von Nassau-Siegen, 'Der Brasilianer': www.johann-moritz.de.

32. CDs und Informationsheft, Voices of Forgotten Worlds, ellipsys arts CD 3252, Indigenous People, ISBN 1-55961-254-1, New York, 1993. Das Tonmaterial beinhaltet u. a. die Musik der Kanaken auf Neukaledonien, Kayapó aus Brasilien, Tibeter, Ladakhis, Newar aus Nepal, Tolai auf Neuguinea.

33. Hier befindet sich auch eine der bedeutendsten Turmalin-Sammlungen. Das kleine, feine Edelsteinmuseum von H. Stern, einer der führenden Juweliere der Welt, zeigt u. a. ein kleines Naturwunder: Turmaline in 1.092 Farben. (Besuchsmöglichkeiten können vor Ort, bzw. unter www.hstern.com.br, leicht ermittelt werden.) Die 1.092 Farben, Stand August 2005, verdeutlichen einen Beinamen von Turmalin: Der Regenbogen-Edelstein. Die natürliche Farbpalette

ist derart vielseitig, dass darin auch smaragdgrün (Verdelith) und dunkelrot vorkommen. Sehr selten, ein Stein mit den Farben von feinstem Südseewasser, der Indigolith. Die Komplettierung der Sammlung hat bisher (bis 2005) 60 Jahre gedauert und noch immer kommen aus den brasilianischen Minen, von Kennern ausgesucht, neue Farben hinzu.

34. Op Gen Oorth, Jan: "Oscar Niemeyer – Architekt der Moderne", in: Tópicos, deutsch-brasilianische Hefte, Nr. 2-2003, Bonn, 2003, S. 42 ff.

35. Horn, Helena: "Rio de Janeiro: Jacarezinho – Eine Favela im Wandel", in: Tópicos, siehe (34), S. 31 ff.

36. Die Bezeichnung 'Fünfte Welt' ist (soweit bekannt) eine neue, nicht politische Wortschöpfung. Die Umsetzung erfolgt innerhalb des virtuellen Raums der 'Estado Primeiro', die Zahl fünf bezieht sich auf fünf Kommunikationsstufen, die im Internet dargestellt werden.

37. Prospekt: Hedonism Resorts. Mind, Body, Spirit, Soul , Superclubs o. O., 2004, S. 8. (www.superclubs.com)

38. Schulz, Matthias: Im Reich der Waldkönige, Der Spiegel, Heft 24/05, S. 158 ff. und die erwähnte Studie, Martin, S. und Grube, N.: Chronicle of the Maya Kings and Queens, London o. J.

39. Bethge, Philip: "Der liebende Affe. Forscher entschlüsseln die Biologie der Liebe", in: DER SPIEGEL 9/2005, S. 168ff.

40. Mexiko, München, 1987, S. 42, S. 49 (APA Guide, Nelles).

41. Die Systematik der Gefühle beruht auf zwei Säulen. Erstens, die intensive Beschäftigung mit Incentive-Reisen. Diese wurden in einigen Büchern (Hrsg., Autor, Wim de Ruiter) dargestellt. Die weiteste Entwicklung wurde im Buch Incentive Management, Mehr Spaß im Betrieb, Düsseldorf 1991 präsentiert. Danach wurde die Reiseplanung und Durchführung viel umfassender. Natur- und Naturschutzreisen, Kinderreisen, Reisen für Twens, Expeditionen, ornithologische Reisen, usw. Die allgemeine Systematik von Wünschen und Motivationen haben wir danach spezieller auf Reisen zugeschnitten. So entstand aus der täglichen Praxis das System der Basis-Reisemotivationen. Wie ein Koch ein Gericht aus diversen Zutaten zusammenstellt, wurden Projekte für Unternehmen und Privatpersonen ebenso "gemixt". Abenteuer und ein bisschen Luxus und Kunst, dramaturgisch verstärkt durch Kontraste und Einmaligkeiten. Transfers wurden nicht als Bustortur durchgeführt, sondern mit den meist exotischen Fahrzeugen, Flugzeugen und als Wasser-Erlebnisse. Die Systematik mag nicht überall Zustimmung finden, in vielen Fällen hat sie sich als zuverlässig und erfolgreich erwiesen.

WELTKLASSE
POTALA PALAST, TIBET
EDITION REISEN MACHT REICH
MIT DER GEO-NADEL
UM DIE WELT

Ihre Expeditions-Ausrüstung

Erst entdecken, dann reisen. Es geht schließlich darum, warum Reisen reich macht.

Ziel der beschriebenen Weltreise ist, dass der phantastische Planet Erde für Sie persönlich greifbar wird. Folgen Sie einfach den Erlebnis-Schritten im Buch, und die Reise wird eine kleine Expedition. Wenn Sie richtig dabei sind, wird die Tour ein Schlüsselerlebnis für Sie: Jetzt können Sie bequem durch Raum & Zeit reisen. Jede echte Reise danach wird zum passenden Puzzle-Teil auf Ihrem Weltbild. Ihre Expeditionsausrüstung besteht nicht aus GPS und Moskitonetz, sondern aus Begriffen, die Ihnen das Umdenken unterwegs leichter machen.

1. 'M und N': Mensch und Natur.

M- und N-Kombinationen sind erste Grob-Indikatoren für die Natur-Priorität eines Landes. Warum wird das angegeben?

Im deutschsprachigen Raum lebt ein Großteil der Bevölkerung in der Situation M > N (M ist größer als N). Das heißt: Der Mensch kommt zuerst; wenn es erforderlich ist, wird Natur beiseite gedrängt. (Ausnahmen gibt es immer). Beispiele: • Straßennetz. Industrienationen müssen eine gute Infrastruktur haben, dafür muss Natur zurückstecken. • Wald. Sieht natürlich aus, ist aber künstlich angelegt, damit Bäume bequem geerntet werden können. • Der Horizont? Unterbrochen durch Masten, Türme, Häuser, Hallen, Hochspannungsleitungen, Fabriken. Welcher Bürger hat den Luxus, 360° um sich herum nichts von Menschenhand Geschaffenes zu sehen? • Landwirtschaft, Nutzflächen, Nutztiere, reine Kultur-Landschaft. Über Jahrhunderte hat Europa Naturflächen verbraucht und umgewandelt. 'Echte' Natur ist kaum noch anzutreffen. Zum Glück sind Meer, Seen, Himmel und Berge ziemlich unverbaubar. • Volle Länder: Einwohner je qkm: Niederlande 389, Deutschland 231, die Schweiz 177, Österreich 96. Die Gesamtregion ist reich an Kultur, ziemlich arm an Urnatur. Die Zahl für den chilenischen Teil Patagoniens: 0,9. Wenig Menschen, viel echte Natur. Chile-Patagonien umgerechnet auf Deutschland: Die Bundesrepublik hätte nur 321.324 Einwohner, etwas weniger als Bielefeld.

Große Flächen der Erde jedoch sind zurzeit in einem hervorragenden Zustand.

- **M&N** Der Mensch lebt im Einklang mit der Natur.
- **M>N** Hier setzen Menschen sich über die Natur hinweg (soweit das möglich ist). **Beispiel:** großflächige Zerstörung der Vegetation und immenser Abbau von Erzen, wie in Neukaledonien.

- **N>M** Die Natur ist gegenwärtiger als der Mensch. Dieses ist der Fall, wenn riesige Flächen Natur spärlich besiedelt sind, wie in Patagonien.
- **T>M** Der Faktor T, für (Massen-)Tourismus. Gewaltiges Hotelangebot plus Infrastruktur. Mehr Baugrund für Fremde als für Einheimische. Macht es Sinn, in ein fernes Land zu reisen und dort überwiegend Touristen aus der eigenen Heimat zu treffen?
- **Keine Angabe:** Wenn eine Region extreme Unterschiede aufweist, ist eine Kurzformel nicht möglich. In Brasilien zum Beispiel. Hier gibt es die ganze Bandbreite. Vom unberührten Primär-Regenwald bis zu überfüllten Millionenstädten, kilometerlangen Monokulturen und ungebremstem Bergbau.

2. Die Geo-Nadel

Hinter dem Symbol Geo-Nadel stehen 'Kopfreisen durch Raum und Zeit'. Räumliche Kopfreisen: Wenn Sie z. B. in der Südsee Tanz-Erotik beobachten und Parallelen zu Brasilien entdecken. Zeitreisen im Kopf: Wenn Sie Araukarien auf Neukaledonien vorfinden und in Patagonien ebenso. So begreifen Sie den Zusammenhang der beiden weit auseinander liegenden Länder. Sie sind Teile des südlichen Ur-Kontinents Gondwana. Den rätselhaften Baum anfassen heißt: Vor 200 Millionen Jahren hätte sich das genauso angefühlt. Andere Kopfreisen richten sich auf z. B. Kunst und Architektur. Google Earth 'beamt' im Internet von Ort zu Ort. Wenn Sie mit der Geo-Nadel live vor Ort sind, beamen Sie sich ohne Internet sofort zu einer anderen Location. **Reisen + Wissen ist also schneller als Google Earth.**

3. Machen Sie sich frei ...

... bedeutet beim Arzt, dass Sie sich enthüllen sollten. Bei einem Weltreiseberater ist es eine Empfehlung, bestimmte Hüllen abzustreifen.

3a. Seupeunia

Ob Sie es wahrhaben wollen oder nicht, wenn Sie Deutsch lesen, ist anzunehmen, dass Sie im deutschsprachigen Teil von Europa leben und damit in Seupeunia. Diese Kürzel ist entstanden aus einer historischen Betrachtung der Welt, und sie ist weder wertend noch politisch. Europäer sind Primär-Europäer, abgekürzt PEU. Mehrere PEU-Länder haben in den vergangenen 500 Jahren die maritime Entdeckung der Welt vorangetrieben, Kolonien gegründet und im Schnitt 300 Jahre später in die Entkolonisierung eingewilligt. Als Folge der

Auswanderungswellen in Zeiten großer Not, kamen PEU-Menschen nach Übersee, vermischten & vermehrten sich und ließen sich dort für immer nieder. Vor allem in Nordamerika, Australien und Neuseeland. So entstanden Sekundär-EUropäische Nationen, SEU-Länder sozusagen. Die SEU und PEU Nationen haben einiges gemeinsam, unter anderem den industrialisierten 'Anpack' auf allen Ebenen: Industrie, Landwirtschaft, Medien, Welthandel. Auf Englisch, den 'industrial approach' bzw. den 'industrial attitude'. Schließlich haben sie damit in der Kolonialzeit gute Erfahrungen gemacht. Zuckerrohr und 'Gummi'-Plantagen, Zucker- und Textilfabriken usw. Sie lebten nach dem Schema M>N, wurden reich und mächtig und entfalteten ihre eigene Kultur. NIA steht für 'Nations with Industrial Approach'. Sie persönlich leben geschichtlich gesehen in Seupeunia (Ausnahmen möglich).

Um fremde Kulturen verstehen zu können, ist es vernünftig, ab und zu die Seuponia-Lifestyle-Hülle abzustreifen. (Ich habe das in Sri Lanka-Programmen 'Elefanten waschen' immer so gemacht, dass Teilnehmer ihre Freizeitkleidung ablegen mussten. Dafür bekamen sie das lokale Wickeltuch, den Sari (Malay: Sarong)).

Wenn Sie noch nichts von der Seuponia-Terminologie halten sollten, eine kleine Ergänzung. Ein Blick auf die Karte macht die Kontinuität von Seuponia deutlich. Bis heute hat sich diese Ländergemeinschaft nicht völlig von der Kolonialidee verabschiedet. Auf Ihren Fernreisen werden Sie das stets wiederfinden, Reste der Herrschaft sind allgegenwärtig. Teilweise durch finanzielle Abhängigkeiten, teilweise durch fortgesetzte Verwaltung der ehemaligen Kolonialreiche. Seupeunia ist, nicht wertend und unpolitisch, geografisch weltweit "führend". Seupeunia hat Annexflächen, die auf Schulkarten eingezeichnet sind. Zu einer breiten Diskussion über dieses Thema ist es bisher jedoch nicht gekommen. Das kleine Frankreich zum Beispiel 'verfügt', elegant und charmant, u. a. über ein Meeresgebiet von 4 Mio. qkm (F. Polynesien = 7,35 x größer als das Mutterland), Inseln wie Neukaledonien (19.100 qkm Land = 7,39 x größer als Luxemburg) und Länder in Südamerika (F-Guyana, 83.500 qkm = 2 x Niederlande). Blicken Sie doch mal auf eine Schulkarte. (Beispiele, Inseln werden teilweise mit I. abgekürzt) Pazifik: Französisch Polynesien, Inseln: Midway-I., Johnston-I., Howland-I., Tokelau-I., US-Samoa, Bounty-I., Auckland-I., Neukaledonien, Marianen, Guam, Hawaii (erst 1898 amerikanisch). Indischer Ozean: Kokos I., Christmas I., Diego Garcia, Tschagos I., Réunion, Mayotte, Crozet I. sowie fast die gesamte Antarktis. Atlantik, einschl. Karibik: Falkland I., Südgeorgien, Tristan da Cunha,

Ascension, Grönland, Bermuda, Cayman I., Turks u. Caicos I., Guadeloupe, Martinique, Puerto Rico, NL-Antillen usw.

Um fremde Kulturen verstehen zu können, kann es also nicht schaden, sich an diesen historischen Hintergrund zu erinnern und Ihre Seupeunia-Lifestylehülle für die Dauer der Reise abzustreifen. Nach einigen Reisen schwächen sich ungefilterte eurozentrische Sichtweisen deutlich ab.

3b. Farbraum

In Ihren Breitengraden leben Sie in der "gemäßigten Klimazone". Im Jahresmittel, in Farben angedeutet, leben Sie die Hälfte des Jahres in einer Grauzone. In diesem Fall ist das Abstreifen dieses Lebensgefühls sehr einfach. Fliegen Sie z. B. nach Polynesien. Da gibt es zwar auch Grau, aber anders. Die leuchtenden Farben der Natur geben Ihnen ein Gefühl von Schönheit und Harmonie. (Vgl. ab Seite 65)

4. Sonstige Begriffe

Neben Ihrer empfohlenen Expeditions-Ausrüstung (M&N, Geo-Nadel und Enthüllung) gibt es noch einige Fremdwörter:

- **DMN**: Dauer-Migranten der Neuzeit, Fernpendler. Ausführlich dargestellt ab Seite 59.
- **Komplementärwirtschaft**: Die Lehre von der nicht-monetären und alternativen Ökonomie.
- **Steinprofil**: Neuartiges, farbiges Piktogramm, um die Besonderheiten einer Destination zu charakterisieren. Die Einteilung erfolgt in: Natur, Kultur und Lebensart. Die Farben werden mit natürlichen Edelsteinen angeben. Kapitel 3.
- **Estado Primeiro**: Teil einer virtuellen Kulturlandschaft im Atlantischen Ozean. Die Gesamtstruktur heißt república atlântica, die Inseln von Estado Primeiro stehen im Zeichen der Weltklasse-Qualität unseres Planeten. Mit anderen Worten, hinter diesem Büchlein verbirgt sich eine umfassende kulturelle Marketing-Architektur.
- **Insel Turmalí**: Innerhalb von 'Primeiro' werden die Highlights des Buchs friedlich geografisch zusammengeführt. Das Gebiet hat die Form von Viti Levu (Fidschi Insel) und wurde gewählt, um alle Ozeane zu vereinen. Denn durch Fidschi verläuft die Datumsgrenze. Das vorgelagerte Inselchen 'Isla Primeira', orientiert sich an den Umrissen der Osterinsel. Sie erinnert damit an untergegangene Kulturen. Fazit: Das virtuelle Geschehen wird nicht bierernst gesehen, die Besiedlung erfolgt mit einem leichten, kulturellen Ansatz.

WELTKLASSE
GLETSCHER PÍO XI, CHILE
EDITION REISEN MACHT REICH
MIT DER GEO-NADEL
UM DIE WELT

WELTKLASSE
PEARL BEACH RESORT, BORA BORA
EDITION REISEN MACHT REICH
MIT DER GEO-NADEL
UM DIE WELT

Die kulturelle Marketing-Architektur von 'Reisen macht Reich'

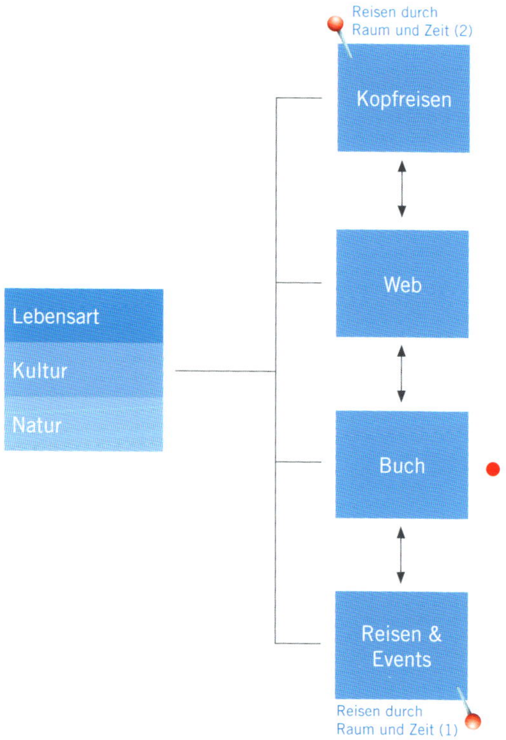

W-3 Wießner

Sie befinden sich jetzt hier, ● am roten Punkt.

- *Kopfreisen sind Reisen durch Raum und Zeit*
- *Web: Diverse Sites als Bucherweiterung (Siehe rechte Seite)*
- *Das Buch kann also in diesem Umfeld immer auf dem neuesten Stand sein*
- *Reisen & Events sorgen für internationale Live-Kommunikation*

Vernetzung im Internet

Internetangaben sind stark von Aktualität abhängig. Um zu vermeiden, dass dieses Buch im Laufe der Zeit überholte www-Adressen nennt, wurde eine Internet-Zwischenstufe eingebaut. Hier informiert eine zentrale Informationsseite über den aktuellen Stand der betreffenden www-Adressen, Telefonnummern, Ansprechpartner usw. Diese Seite kann auch per Fax oder Post zugesandt werden, ein aktuelles Exemplar wird bei Drucklegung dem Buch beigelegt. Aus Sicherheitsgründen werden einige Webseiten durch ein Passwort geschützt. Wir hoffen Ihnen mit dieser Vorgehensweise stets aktuelle Daten geben zu können. So ersparen Sie sich unnötiges Recherchieren bei überholten Web-Adressen, Telefonnummern und postalischen Adressen.

Die zentrale Informationsseite erhalten Sie per Email oder Fax:

E-Mail: reisenmachtreich@aol.com

Fax: ++49 (0) 2131/80132

Navigationshilfe:

a) Reisen macht Reich
www.reisen-macht-reich.net

b) Kommunikations-Forum
www.republica-atlantica.org

www.reisen-macht-reich.com · www.reisen-macht-reich.de · www.nova-garota.com ·www.nova-garota.com.br
www.carioca-news.de · www.wim-international.de · www.republica-atlantica.org · www.reisen-macht-reich.net

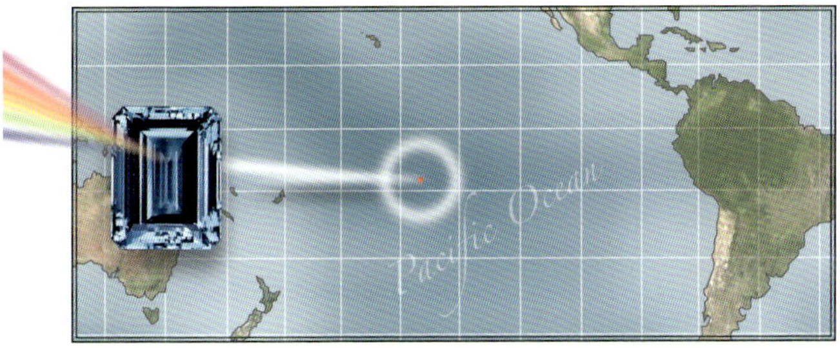

Bildnachweis

A-1- **animal-press**, © , Gentzstrasse 4, 80796 München, Tel. 089- 27 34 97-11, redaktion@animal-press.de , www.animal-press.de
B-1- Bhutan, © / Department of Tourism, Royal Government of Bhutan, P.O. Box 126, Thimpu, Bhutan. Bhutan Yodsel Tours & Treks, Thimpu, Bhutan, dawa@druknet.bt, www.bhutaan.com
B-2- Bellersen-Brakel, Projekt Urdorf.
B-3- BAT, Hamburg, Diverse Projekte von u.A. HB, Prince Denmark
B-4- Bauhaus Dessau, www.bauhaus-dessau.de/projects
C-1- Chile / LAN Airline, Frankfurt, cvirchow@lanchile.com , www.lan.com, sporttours, Las Condes, Santiago / Chile erfahrener Tour-Operator. www.sportstour.cl.
E-1- Eckhout, Albert: Maler des Gemäldes "Tupi-Frau mit einem Kind auf dem Arm und einem Korb auf dem Kopf" (1641),274 x 163 cm. Geboren zwischen 1605 und 1615 in Groningen. Arbeit in Brasilien von 1641-1643.
F-1- Fidschi / Fiji Visitor Bureau, c/o Interface, Berlin, info@bulafiji.de, www.bulafiji.de
F-2- Ferrari, Marlene, Photographer, Rio de Janeiro, Brasil
F-3- Figueredo, Duarte, Maler, Rio de Janeiro, Brasil
F-4- Figgener-Erber, Geograph, Mönchengladbach
G-1- **Gantzhorn**, © Ralf Gantzhorn, Fotograf, kontakt@ralf-gantzhorn.de, www.ralf-gantzhorn.de
G-2- Geub, Uli, Redakteur und Fotograf, Düsseldorf
H-1- Herget, Wolfgang, Fotograf, Hamburg
H-2- Hörmandinger, Jost, Grafik-Designer, jost@liebevoll.de, jh@supertacheles.de
H-3- Historischer Weltatlas: 'Der Atlas des Großen Kurfürsten', eine bibliophile Rarität. Geschenk von Fürst Johann Moritz von Nassau-Siegen an seinen Kurfürsten. Das Buch wird auch 'Das Größte Buch der Welt genannt'. Es beinhaltet die gesamte Kartographie der Welt im 17. Jahrhundert. Berühmte Kartenzeichner und Künstler wie Frans Post fertigten die riesigen Karten mit kunstvollen Bebilderungen geschmückt an. Das Original befindet sich in Berlin, wertvolle Replika sind auch im Umlauf.
I-1- Island Outpost Hotels, Jamaica c/o Euro Marketing Connections, Vgl. S-3
I-2- Immendorff, Prof. Jörg, o. O.
J-1- Jamaica, FVA Jamaica Tourist Board c/o fastforeward-marketing, Mettmann bei Düsseldorf, jamaica@travelmarketing.de, www.visitjamaica.com
K-1- **Kiedrowski**, © Rainer Kiedrowski, Peddenkamp 64, 40883 Ratingen, Tel. ++49(0)2102- 665 93, Fax: ++49(0)2102- 699 22, bildarchiv@photo-kiedrowski.de, www.photo-kiedrowski.de
L-1- **Leue**, © Holger Leue, www.leue-photo.com
M-1- Malediven, FVA Frankfurt/M, maldivesinfo.ffm@t-online.de
M-2- Mauritshuis, Den Haag,
M-3- Morsan, Nada, Zellbiologin
N-1- Neckar Island, c/o Prestige Resorts, München, info@prestigeres.com, www.prestigeres.com
N-2- Neanderthal Museum, www.neanderthal.de
N-3- trans-niugini-tours, Mount Hagen, Papua New Guinea, travel@pngtours.com, www.pngtours.com
N-4- Nationalmuseet, Kopenhagen, hier befindet sich das Bild der Tupi-Frau, Vgl. Seite 106
P-1- Pearl Beach Resorts, Tahiti, Tahiti Nui Travel, info@partnersofthesothpacific.com, www.tahitinuitravel.com
P-2- Le Prince Maurice Hotel, Mauritius, Constance Hotels, Eschborn, info@constancehotels.de, www.constancehotels.com
P-3- Pfaff, Sybille, Herrensteige 33, 97500 Ebelsbach
P-4- Post, Frans, bekannter niederländischer Maler, Reisekollege von Albert Eckhout auf der Brasilienreise im 17. Jahrhundert
P-5- Prestige Resorts, München, info@prestigeres.com, www.prestigeres.com
P-6- Pengore, Dawa, Bhutan Yodsel Tours & Treks, dawa@druknet.bt, www.bhutaan.com
R-1- Riviera Maya, prm@rivieramaya.com , Heidi Matus Kramer, www.rivieramaya.com
R-2- Le Résidence Mauritius, c/o Vgl. S-3
R-3- Rio FVA, c/o TMC Tourism Marketing, Frankfurt/M, riodejaneiro@tmc-agentur.de, www.rioconventionbureau.com.br
R-4- Riviera Maya, México
R-5- Riahi, Hojabr, Fotograf, Düsseldorf
S-1- Superclubs, c/o Inter-Connect Marketing, München, bpf@inter-connect-marketing.de, www.inter-connect-marketing.de
S-2- Sachs, Traudel, Steinhardter Straße 21b, 55566 Bad Sobernheim, Tel./Fax: 06751- 4727
S-3- Sandals & Beaches Resorts, Jamaica c/o Euro Marketing Connections, Düsseldorf, think@EuroMarketingConections.de, www.EuroMarketingConnections.de
S-4- Sarosdy, Anne-Marie von, Düsseldorf, www.sarosdy.de
S-5- Stadler, Dieter, München
S-6- Schaub, Karl-Heinz, Grafik, Düsseldorf, RZ-Studio und Red Shark
T-1- Tahiti, FVA c/o TravelMarketing Romberg, Mettmann, tahiti@travelmarketing.de, www.tahiti-tourisme.de
T-2- Taeschner, Hans-Christian, Wallrafstr.16, 41464 Neuss
T-3- Topicos, Deutsch-Brasilianische Hefte, www.topicos.de
T-4- Treeck, Ansgar von, Fotograf, Düsseldorf
T-5- Tiger Tops Lodge, Nepal
V-1- Völkerkunde Buch, Vgl. S. 191 / 30. Bernatzik
W-1- wim, Wim de Ruiter, W/I/M International, W/I/M Incentive Marketing, Cocos International
W-2- Wagener, Zacharias, 1614-1668, Vgl. S. 191 / 31
W-3- Wießner, Natalie, n.wiessner@das-druckhaus.de
X-1- Xavantes, indigener Stamm in Brasilien, Matto Grosso
Z-1- **Zefa**, Düsseldorf.

Namen- und Stichwortregister

Impressum

Kontakt: reisenmachtreich@aol.com

Büro: Heidi Taeschner, Neuss, htaeschner@aol.com

Gestaltung:

Layout, Art Direction: Andreas Graßl, München, andreas.grassl@parrot-design.de
Spezialgrafik mit Juwelen: Jost Hörmandinger, Düsseldorf, jost@liebevoll.de, jh@supertacheles.de

Text:

Konzeption und Text: Wim de Ruiter
Lektorat: www.lektorkorrektor.de, wolfgangcz@web.de
Übersetzung Portugiesisch-Brasilianisch: Rosmarie Reifenrath

Druck:

Das Druckhaus, Kaarst
www.das-druckhaus.de, info@das-druckhaus.de
DTP: Pascal Ackermann

Bindung:

Buchbinderei Josef Spinner, 77831 Ottersweier

Printed in Germany

ISBN 3-00-016503-7

Das Welt-Geschenk-Buch

Dieses Buch ist kein Reiseführer mit Zahlen, Fakten, Klimadaten, denn davon gibt es schon genug, um Bibliotheken zu füllen. Was ist es denn? Ein 'Welt-Geschenk-Buch'.

Was ist damit gemeint?

Es gab einmal einen Menschen, als Ameise zur Welt gekommen. Irgendwo, wo es absolut nichts gibt, was es geben sollte. Nur ein altes Holzbrett im Blick und dahinter, nicht zu erkennen, ein Obstkorb mit Blumen und saftigen Blattläusen.

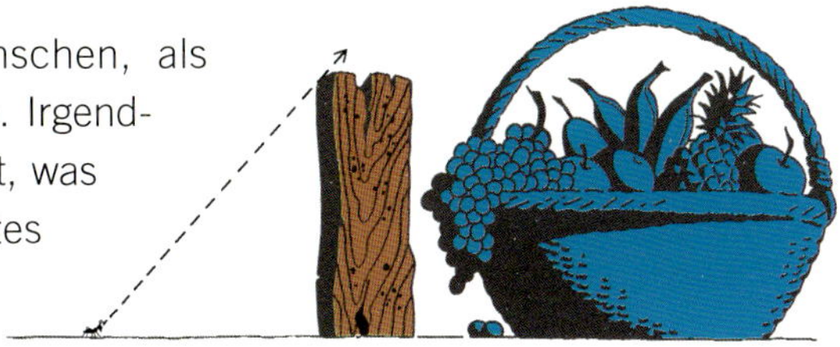
S-5 Stadler

Die Ameise beschließt, das Holzbrett in Angriff zu nehmen, (d. h. das Leben zu meistern) und sich zu vermehren. Damit ist sie fast lebenslang so beschäftigt, dass sie den Obstkorb kaum wahrnimmt. Erst später wird klar, wie großartig der Obstkorb ist. Aber da ist es fast schon zu spät, die Ameise ist zu abgekämpft um noch große Erlebnisse in der Welt hinter dem Brett zu machen. In diesen Dimensionen spielt sich die persönliche Entdeckung der Erde ab. Leben & Vermehrung als tag- und abendfüllende Veranstaltung. Für die wirkliche Erde, fern der beruhigenden Heimat, bleiben höchstens einige Impressionen.

Der gebildete Mensch dagegen hat natürlich schon von dem Riesen-Obstkorb gehört und reist nach Kräften durch die Weltgeschichte. Dennoch reicht die Phantasie bei vielen Menschen nicht aus, um zu ahnen, welch atemberaubende Schönheit unsere Erde zu bieten hat. Der reisende Mensch kennt zwar den Begriff 'Erbe der Menschheit', aber begreift nicht immer, dass es auch sein Erbe ist. Ein Geschenk, dass er kennt, aber nicht wirklich annimmt. Freizeit-Aktionen um Weltwunder zu entdecken, münden oft in einer enormen Investition an Geld, kostbarer Freizeit, Ressourcen und Energie. Es wird gereist, ohne das Ergebnis zu kennen oder zu planen. Die persönliche Bilanz zeigt nach einigen Jahrzehnten, ob die Reise-Investitionen sich gelohnt haben oder nicht.

Diese Publikation ist ein 'Welt-Geschenk-Buch', weil die Welt das Geschenk ist. Bitte nehmen Sie es an! Entdecken Sie die phantastische Qualität, Natur, Kultur und fremde Lebensart. Erleben und genießen Sie.

C-1-Chile / Geoglyphen Valle de Azapa

... Gute Reise